JM412089

사주,
챗GPT가
대신할 수 없다

사주, 챗GPT가 대신할 수 없다
AI 시대, 인간을 이해하는 또 하나의 언어

초판 1쇄 발행 2026년 3월 1일

지은이 혜랑
펴낸곳 드림위드에스
출판등록 제2021-000017호

교정 양수미
편집 드림위드에스출판사
검수 양수미
마케팅 위드에스마케팅

주소 서울특별시 강남구 학동로 165, 2층 (신사동)
이메일 dreamwithessmarketing@gmail.com
홈페이지 www.bookpublishingwithess.com

ISBN 979-11-24346-03-7(03180)
값 17,000원

사주, 챗GPT가 대신할 수 없다

AI 시대, 인간을 이해하는 또 하나의 언어

혜랑 지음

사주는 언어가 생기기 전부터
시간의 변화를 기록해 온 인류 최초의 데이터 문명이다.

드림위드에스

이 책은 18년간 만난 수많은 분들의 이야기로 만들어졌습니다.
모든 사례는 개인정보 보호를 위해 각색되었습니다. 당신의 이야기에 감사드립니다.

참고 문헌: 국립대전박물관, '조선시대 과거제도' 전시 해설 자료

| 목차 |

Part 2.
인간과 사주의 만남

Part 3.
챗GPT와 사주의 경계

Part 4.
사주의 현대적 응용

Part 5.
사주, 인간을 위한 길잡이

프롤로그

나는 한때,
매일 숫자로 평가받는 영업사원이었다.
실적이 곧 존재 가치였고,
하루하루가 벼랑 끝에서 버티는 시간 같았다.
돌아갈 곳이 없었기에 현실에 매달렸고,
다시 시작할 용기가 없어, 나는 새로운 길을 찾아 헤맸다.

그때 붙잡은 것이 사주였다. 한계를 넘기기 위해 배운 사주는,
어느새 내 삶의 직업이 되었고 내 생존의 언어가 되었다.
사주 상담은 정답을 말해주는 일이 아니라, 골수를 꺼내듯
마음을 내어놓고 사람의 인생 한복판에 들어가는 일이었다.
답을 찾으려 공부하고, 길을 찾으려 수없이 떠돌았다.
그러다 알게 되었다.
인생에는 정해진 답이 없다는 것, 그리고
용기가 없어도 현실이 사람을 끝내 용감하게 만든다는 것을.

나는 낭떠러지 앞에서도
살아남을 수 있는 도구를 갖고 싶었다.
그중 하나가 사주였고, 그것은 나에게
운명이 아니라 이해의 언어가 되었다.

나는 여전히 답을 주는 사람이 아니다.
다만 누군가가 인생에서 놓치고 있는 단 하나의 실마리를
함께 찾아주는 사람이고 싶다.
보물섬 남해에서, 그렇게.

Part 1

왜 다시 사주인가

1
사주, 내 이야기의 시작

사람을 보아야 운명이 보인다

사주 상담을 하다 보면 종종 이런 질문을 받는다. "사주만 보면, 그 사람의 인생이 다 보이나요?" 나는 늘 이렇게 답한다. "사주보다 먼저, 사람을 봅니다." 사주는 종이 위에 적힌 여덟 글자이지만, 그 글자를 적어 내려갈 때 미묘하게 움직이는 '느낌'을 받을 때가 있다. 이 움직임을 무시하면 적중률이 떨어진다. 그래서 나는 사주만 보지 않는다. 내담자의 얼굴과 체형, 어깨와 손, 숨소리와 걸음걸이, 목소리 톤을 함께 본다. 차를 마실 때 찻잔을 부딪히는 소리, 손끝의 미세한 떨림까지도 놓치지 않으려 한다. 이 모든 것을 사주팔자와 조합한다. 사주팔자는 시간의 지도이고, 사람의 얼굴과 풍기는 이미지는 공간의 지도다. 이

두 지도가 겹쳐질 때, 비로소 한 사람의 인생 지도가 완성된다. 한 치의 오차도 놓치지 않기 위해 온 신경을 곤두세우는 작업, 그것이 내가 하는 사주 상담이다. 말투와 호흡, 자주 쓰는 단어, 말의 속도와 반응 하나하나가 모두 내담자가 보내는 시그널이다. 사주 공부만으로 한 사람의 인생을 읽기에는 솔직히 너무 부족한 것이 많다. 많은 사람을 관찰하다 보면 말로 설명하기 어려운 미세한 '전기 자극' 같은 것을 알게 된다. 질문 속에 이미 답이 있고, 표정과 행동에는 언제나 힌트가 숨어 있다. 그래서 다시 묻는 질문에 이렇게 말한다. "사주만 보면, 그 사람의 인생이 다 보이나요?" 다는 볼 수 없다. 그러나 궁금한 것이 있어 찾아온 사람은 이미 반응할 준비가 되어 있다. 그런 경우라면, 거의 보인다고 말하는 편이 맞다고 생각한다.

물론 "어디 한번 맞혀보시죠" 하는 마음으로 오는 사람도 있다. 그런 마음은 더 잘 보인다. 직업병이라고 해야 할까. 링 위에 많이 올라가 본 사람은 특유의 기류를 감지하게 된다. 아마 그런 느낌일 것이다. 모든 순간에 사람을 그렇게 살피며 사는 것은 아니다. 복채가 없는 자리까지 신경을 곤두세울 필요는 없으니까.

사주 상담가들 가운데 뇌졸중이나 뇌출혈을 겪는 사람이 많은 이유를 나는 이렇게 비유하곤 한다. 링 위에서 너무 많이 얻어맞아, 펀치드렁크 증후군이 잠재해 있기 때문이라고. 또 어떤 이들이 어느 날 갑자기 잠적하는 이유도, 단순히 '잠수' 타는 수준과는 다르다. 타인의 인생에 깊이 끼어든 대가는, 때로 상상을 초월한다. 수많은 선택의 기로에 서있는 사람들에게, 혹시 내가 책임질 수 없는 조언을 하고 있는 건 아닐까. 그 불안에서 자유로운 날은 없다. 그래서 이 글이, 수많은 선택과 갈등, 그리고 경험으로 만들어진 '지금' 돌아보는 계기가 되었으면 한다.

운명을 읽는 세 가지 단서: 말, 몸, 그리고 목소리

한 사람의 인생을 해석하는 일은, 때로 그가 앞으로 나아갈 방향을 바꿀 만큼 큰 영향을 미친다. 그래서 나는 사주 명식을 펼치기 전에 먼저 그 사람을 읽는다. 말과 몸, 그리고 목소리. 이 세 가지는 종이 위의 글자보다 먼저 그 사람의 지금을 말해 주는 가장 솔직한 신호이기 때문이다.

첫 번째 단서는 바로 그 사람이 사용하는 '말'이다. 습관처럼 '그쵸, 그쵸'를 반복하는 사람은 타인의 공감에 목말라 있으며, '근데요'로 말문을 여는 사람은 내적 확신이 부족해 늘 결정을 미룬다. '나는 원래 그래요'라고 선을 긋는 사람은 변화에 대한 두려움을 안고 있다. 이처럼 짧은 말 한마디에도 한 사람의 인생 서사가 고스란히 담겨 있다.

두 번째는 '몸'이 보내는 신호이다. 어깨가 안으로 둥글게 말린 사람은 세상의 무게를 혼자 짊어지고 있을 가능성이 크다. 걸음이 유난히 빠른 사람은 늘 시간에 쫓기는 삶을 살고 있다. 눈빛에서는 그 사람의 욕망을, 옷차림에서는 현재의 자존감을 읽을 수 있다. 이처럼 사주팔자를 펼치기도 전에 몸이 먼저 그 사람의 이야기를 들려준다.

세 번째 단서는 '목소리'이다. 낮고 단단한 목소리를 가진 사람은 내면에 중심이 잡혀 있어 쉽게 흔들리지 않는다. 반대로 가늘고 떨리는 목소리는 내면의 불안을 드러내며, 말끝을 흐리는 습관은 책임을 회피하려는 성향을 보여준다.

목소리 톤 하나에도 그 사람이 살아온 세월의 흔적이 묻어난다.

사주, 점술을 넘어선 관찰의 철학

가끔 신기가 있는지 물어보는 사람들이 있다. 하지만 엄밀히 말해 신의 가호를 받은 적은 없다. 오로지 눈치와 훈련으로 터득한 기술이다. 초창기 10년을 돌아보면 나는 광적으로 일에 몰두했다. 하루에 스무 명에 가까운 사람을 만나 상담했다. 그러나 그 시간은 몰입이 아니라 소진의 과정이었다. 어느 날, 마지막 상담을 마치고 기력이 다해 바닥에 주저앉았을 때, '이렇게 계속하다가는 정말 죽을 수도 있겠구나' 하는 생각이 스쳤다.

그 순간 나는 중요한 사실을 깨달았다. 타인의 운명을 읽어주는 사람 역시 자신의 운명을 제대로 돌봐야 한다는 것이었다. 그래서 과감히 멈추기로 결심했다. 상담 공간을 완전히 바꾸고, 무리하게 이어가던 상담의 속도를 늦추었다. 이것이 바로 운의 전환이다. 운이란 하늘이 일방적으로 내려주는 것이 아니라, 스스로 만들어 나가는 것임을 깨달았다. 불교의 '이판사판(理判事判)'이라는 말은 흔히 죽기 아니면 살기라는 절박한 상황을 의미하는 것으로 알려져 있지만, 본래의 뜻은 다르다. 이치를 자세히 살피고(理判), 주어진 상황을 냉철하게 판단하라(事判)는 의미이다. 밀어붙여야 할 때에는 과감히 나아가고, 물러서야 할 때에는 미련 없이 물러서는 지혜, 그것이 바로 운을 경영하는 방법이다.

결국 사주를 잘 본다는 것은 단순히 타고난 팔자를 꿰뚫어 보는 것을 의미하지 않는다. 그 사람의 말과 몸짓, 목소리 톤에 이르기까지 존재 전체를 섬세하게 읽어내는 것이다. 이런 의미에서 사주는 점술이 아니라 관찰의 학문이라 할 수 있다. 사실 깊은 공감과 날카로운 직관, 그리고 풍부한 경험이 쌓인다면 사주를 몰라도 사람을 꿰뚫어 볼 수 있다. 사주명리학은 단지 그 과정을 더욱 깊고 체계적으로 만들어주는 하나의 언어일 뿐이다. 팔자를 읽는다는 것은 하늘의 명령을 해석하는 것이 아니라, 한 사람의 살아있는 이야기에 귀를 기울이는 행위이다. 그렇기에 진정한 명리학자는 미래를 정확히 맞히는 예언가가 아니라, 내담자의 삶을 함께 읽어주는 동반자이다.

2

AI 시대에도 운명을 묻는 인간

모든 질문의 귀결, 돈 그리고 생존

사람들은 운명을 물을 때 결국 돈에 대해 질문하지만, 그 이면에는 어떻게 살아야 하는가에 대한 근원적인 불안이 자리 잡고 있다. "선생님, 올해 돈이 좀 모일까요?" 상담실 문을 열고 들어오는 이들이 가장 먼저 던지는 질문은 대부분 돈과 관련이 있다. 오랜 기간 상담을 진행하며 발견한 하나의 패턴은, 사람들이 어떤 고민을 안고 오든 결국에는 돈 문제로 귀결된다는 점이다.

건강, 연애, 진로 등 어떤 주제로 시작하든 대화를 조금만 깊이 나누면 그 뿌리에는 돈 문제가 얽혀 있다. 이는 지극히 당연한 현상이다. 자본주의 사회에서 돈은 생존의 필수 조건이기 때문이다. 돈이 없으면 사랑을 지키기 어렵고, 건강을 유지하기도 힘들며, 꿈을 실현하는 것 역시 제약을 받는다. 따라서 돈에 대해 묻는 것은 결코 속물적인 행위가 아니다. 오히려 자신의 삶 전체를 묻는 가장 솔직하고 절박한 질문이다.

나 역시 다르지 않았다. 20대 초반 영업사원으로 사회에 첫발을 내디뎠을 때, 매일의 실적은 나의 존재 가치를 증명하는 유일한 척도였다. 사람의 마음을 얻는 것이 곧 생존과 직결되는 일이었다. '어떻게 하면 상대의 심리를 정확히 읽고 마음을 움직일 수 있을까?'라는 질문을 밤마다 붙들고 씨름하던 중, 나는 사주를 만났다.

처음에 사주는 유용한 영업 도구였다. 거래처 사장 앞에서 "사장님은 재성(財星, 재물을 다루는 능력과 기운)이 강하시니 사업 감각이 남다르십니다"와 같은 말을 건네면, 굳게 닫혀 있던 대화의 물꼬가 트였고 계약서에 도장을 찍는 일로 이어졌다. 그때 나는 사주가 단순한 미신이 아니라 사람의 마음을 여는 강력한 언어임을 깨달았다. 하지만 그것은 시작에 불과했다. 관련 서적을 읽고 스승을 찾아가 가르침을 구하며 수많은 사람을 만나는 과정 속에서, 사주가 단순히 돈을 벌기 위한 기술이 아닌 삶을 이해하는 깊이 있는 철학이라는 것을 점차 깨닫게 되었다. 재물운을 묻는 질문의 뒤편에는 언제나 깊은 불안과 외로움이 숨어 있었다.

2018년 가을의 일이다. 고급 정장을 입었지만 어깨가 축 처진 한 중

년 남성이 상담실에 들어왔다. 그는 자리에 앉자마자 첫마디를 내뱉었다. "선생님, 돈 때문에 피가 마릅니다." 그는 잠시 말을 멈추었다가 한 층 더 낮은 목소리로 말을 이었다. "차라리 이 목숨과 돈을 바꾸고 싶습니다." 그는 제조업으로 크게 성공한 사업가였다. 공장의 규모도 상당했고 매출 실적도 좋았지만, 문제는 공장 이전, 신규 투자, 대출 상환이라는 세 가지 큰 부담이 동시에 몰려왔다는 점이다.

그는 깊은 피로가 묻어나는 목소리로 토로했다. "사업은 커졌는데 제 마음은 오히려 좁아졌습니다. 집은 화려해졌지만 가족 간의 대화는 사라졌어요." 나는 그의 사주를 펼쳐 보았다. 그는 재다신약(財多身弱, 사주에 재물은 많으나 그것을 감당할 자신의 기운이 약한 상태)의 명을 타고났다. 돈이 삶을 풍요롭게 만드는 도구가 아니라, 오히려 삶 전체를 짓누르는 거대한 그림자가 되어버린 형국이었다. 그는 떨리는 목소리로 말했다. "이제는 돈이 무섭습니다. 제가 돈을 버는 것이 아니라, 돈이 저를 증발시키는 것 같습니다."

나는 그 순간 명확히 깨달았다. 사람들은 표면적으로 돈에 대해 묻지만, 사실은 그 안에 담긴 자신의 불안을 털어놓고 있다는 것을 말이다. 돈은 문제의 원인이 아니라 결과였다. 그들의 진짜 질문은 언제나 단 하나로 모인다. "저는 앞으로 어떻게 살아야 합니까?" 때로는 백 가지 문제가 하나의 답으로 수렴되기도 하고, 하나의 문제가 열 갈래로 흩어지기도 한다. 하지만 인생은 결국 한 가지 단순한 원칙으로 돌아온다. 내가 온전히 살아 있어야 돈도, 세상도 의미가 있다는 것이다. 삶이 무너지면 돈은 남지 않지만, 삶이 단단히 서 있으면 돈은 자연히 따라오게 마련이다.

며칠 후, 그의 아내가 같은 시간에 찾아왔다. 그녀는 울분을 참지 못하는 얼굴로 상담실에 앉아 남편을 타박하는 말을 쏟아냈다.

감정의 언어가 된 돈

같은 문제를 겪는 부부조차 서로 다른 세상을 살아가며, 돈은 종종 해결책이 아닌 감정을 표현하는 언어가 된다. 남편이 죽을 지경이라고 호소했던 그 문제에 대해, 아내는 남편이 그저 나약할 뿐이라고 말했다. 같은 집에서 동일한 어려움을 겪고 있었지만, 두 사람이 바라보는 세상은 완전히 달랐다. 그녀는 분노와 두려움이 뒤섞인 목소리로 말했다. "다들 이렇게 힘들게 살지 않나요? 남편은 늘 앓는 소리만 해요. 저는 정작 저를 위해 돈 한 푼 제대로 써본 적이 없습니다."

나는 그녀의 사주를 살펴보았다. 그녀는 식상과다(食傷過多, 표현력과 감각이 뛰어나지만 미래보다 현재에 집중하는 기운)의 명을 지니고 있었다. 계산이 빠르고 분위기를 잘 읽는 장점이 있지만, 당장의 현실에만 몰입한 나머지 미래를 전체적으로 조망하는 데에는 서툰 경향이 있었다. 결국 이 부부는 기운이 약한 신약(身弱)한 남편과 기운이 강한 신강(身强)한 아내의 조합이었다. 한쪽은 현실의 무게에 짓눌려 있었고, 다른 한쪽은 사회적 체면이라는 가면으로 힘겹게 버티고 있었던 것이다. 이들의 진짜 문제는 돈이 아니었다. 서로를 향한 깊은 원망이었다. 남편은 다가올 내일이 두려웠고, 아내는 오직 눈앞의 오늘만 보고 있었다. 결국 돈은 서로의 감정을 표현하는 대리 언어가 되어버렸고, 부부의 정은 차가운 계산서 위에서 메말라 가고 있었다.

운명의 불완전한 조합

운명은 완벽한 조합을 제공하지 않으며, 때로는 정반대의 성향을 가진 이들이 만나 서로를 잠식하기도 한다. 어느 날, 얼음처럼 차가운 표정의 여성이 상담실에 들어왔다. 그녀는 앉는 자세부터 남달랐다. 허리를 꼿꼿이 세우고 가방은 정확히 무릎 옆에 내려놓는 모습에서 모든 것을 완벽하게 통제하려는 성향이 엿보였다. 그녀는 자리에 앉자마자, 한 치의 여지도 허락하지 않는 단정한 첫마디를 꺼냈다. “남편과의 관계로 마음이 너무 힘듭니다. 이대로 살다가 제 건강이 먼저 무너질 것 같아요.”

나는 그녀의 사주를 확인했다. 관성태과(官星太過, 원칙과 명예를 중시하며 목표 지향적인 기운이 지나치게 강한 상태)였다. 원칙, 체면, 목표가 그녀의 삶을 지배하고 있었다. 그녀는 ‘책임’이라는 단어로 스스로를 옭아매며 사회가 요구하는 기준에 자신을 정확히 맞춰서 살아온 사람이었다. 내가 남편에 대해 묻자 그녀는 차갑게 대답했다. “그 사람은 아무것도 하지 않고, 책임감이라고 할 만한 모습도 보이지 않습니다.” 그녀의 말처럼 남편은 정반대의 성향을 지닌 무관사주(無官星, 책임이나 목표에 얽매이지 않고 자유로움을 추구하는 기운)였다. 그는 세상의 기준보다 자신의 편안함을 우선시하는 사람이었다.

한 사람은 목표를 향해 끝없이 달리고, 다른 한 사람은 늘 그 자리에 멈춰 서 있었다. 모든 것을 계획하고 통제하려는 관성태과의 여성이 왜 그토록 무계획적인 사람을 배우자로 선택했을까? 그것은 단순한 계산의 오류였을까, 아니면 자신에게 없는 그 자유로움이 처음에는 매력적으로 보였던 것일까? 이제 와서 중요한 것은 이유가 아니라, 완벽하게 이해하려 애쓰기보다 있는 그대로 인정하는 것이 삶의 짐을 덜어준다는 사실이다. 원칙과 기준이 강할수록, 그것은 이해가 아닌 억울함이 되기 쉽다.

AI 시대, 인간이 여전히 운명을 묻는 이유

기술이 아무리 발전해도 인간이 운명을 묻는 행위가 사라지지 않는 이유는, AI가 제공하는 데이터 너머의 맥락과 이유를 갈망하기 때문이다. 요즘 인공지능은 세상의 모든 것을 계산한다. 챗GPT에게 물으면 사주팔자의 천간(天干)과 지지(地支)를 분석해 주고, 타로카드 앱을 열면 정교한 알고리즘이 결과를 즉시 뽑아준다. 이제는 클릭 한 번이면 자신의 사주 구성을 알 수 있고, 불과 몇 초 만에 그에 대한 해석까지 받아볼 수 있는 시대다.

그런데도 사람들은 왜 여전히 상담실 문을 두드리는 것일까? 인공지능이 아닌 사람에게 자신의 운명을 묻는 이유는 무엇일까? 그 답은 간단하다. AI가 내놓은 결과가 아니라, 데이터 너머의 이야기와 맥락을 갈망하기 때문이다. 사람은 자신의 삶이 담긴 이야기를 원한다. 예를 들어 같은 '재성이 많은 사주'라 하더라도, 어떤 사람은 그 기운을 뛰어난 투자 감각으로 발현시키고, 어떤 사람은 타인을 위한 봉사로 승화시키며, 또 다른 누군가는 주체할 수 없는 소비 성향으로 드러낸다. 이 미묘한 차이를 읽어내는 것은 축적된 데이터가 아니라 사람의 감정이고, 냉철한 통계가 아니라 삶을 꿰뚫는 통찰이다.

결국 사주를 묻는다는 것은 단순히 미래를 예측하려는 시도가 아니다. 그것은 지금의 나를 있는 그대로 이해하고, 가장 나다운 모습으로 살아가고 싶다는 내면의 외침이다. 그래서 나는 확신한다. 인공지능이 아무리 세상을 바꾼다 해도, 인간은 앞으로도 계속 자신의 운명을 물을 것이다. 운명이란 정답을 맞히는 게임이 아니라, 주어진 삶을 깊이 이해하고 온전히 살아내는 과정 그 자체이기 때문이다.

3

전통과 현대의 대화

나를 검증해 줄 인생의 나침반

인생의 갈림길에서 방향을 잃었을 때, 사람들은 자신의 위치와 나아갈 길을 알려줄 거울이자 지도를 필요로 한다. 30대 초반의 한 남성은 얼굴에 수심이 가득했다. "선생님, 제가 어디로 가야 할지 정말 모르겠습니다." 그는 현재 다니는 회사를 그만둘지 고민 중인데, 막상 그만두고 나면 무엇을 해야 할지 전혀 감이 잡히지 않는다고 했다. 이직을 해야 할지, 창업을 해야 할지, 무엇을 좋아하는지, 무엇을 잘할 수 있는지….

살다 보면 누구나 자신을 입체적으로 검증해 줄 거울이 필요한 순간과 마주한다. 어디로 가야 할지 도무지 알 수 없을 때, 우리는 "과연 누가 내 인생의 길을 알려줄 수 있을까?"라는 질문을 던지게 된다. 내가 그에게 이런 고민이 처음인지 묻자 그는 고개를 저었다. "아니요, 저는 맨날 이럽니다." 그는 확신이 서지 않아 결정을 미루거나, 될 대로 되라는 식으로 주사위를 던지듯 선택을 해왔다고 했다. 그리고 그런 식으로 내린 결정이 좋은 결과로 이어진 적은 단 한 번도 없었으며, 후회만 쌓여갔다고 털어놓았다.

깊이를 가늠할 수 없을 때, 인생은 실제보다 훨씬 더 깊고 위험하게 느껴진다. 무릎에도 차지 않는 얕은 물에서 허우적거리면서도 '이러다 죽는 줄 알았다'고 착각하는 경험과 같다. 그렇기에 인생에서 필요한 것은 운에 맡기는 주사위가 아니라, 나 자신을 정확히 읽어낼 수 있는 지도다. 삶의 무게가 버거울수록 사람은 고개를 숙여 발끝의 흙만 바라보게 되지만, 시선이 낮아지면 결국 방향을 잃는다. 인생의 높은 고개를 넘기 위해서는 바로 앞이 아닌, 저 멀리 보이는 산의 능선을 바라보는 넓은 시야가 필요하다.

그가 물었다. "그 지도는 어디서 구할 수 있습니까?" 나는 답했다. "바로 당신의 사주입니다." 사주는 당신이 누구이며, 어떤 길을 가야 하는지를 알려주는 인생의 지도다. 인생이란 결국 나를 찾아가는 기나긴 여정이다. 하지만 아이러니하게도, 세상에서 가장 알기 어려운 존재가 바로 자기 자신이다. 그는 스스로를 잘 안다고 생각했지만, 그의 삶은 계속해서 길을 잃고 있었다.

사주, 나를 해석하는 하늘의 언어

진정한 자기 이해는 좋고 싫음을 아는 것을 넘어, 왜 그런 감정을 느끼는지 그 이유를 파고드는 데서 시작된다. 스스로를 잘 안다는 것은 단순한 취향의 문제가 아니라, 내 마음을 움직이는 근원을 이해하는 일이다. 우리는 때로 자기 자신에게서 한 걸음 떨어져 스스로를 객관적으로 바라보기 위해 명상을 하거나 기도를 한다. 하지만 명상과 기도, 사주 분석 그 어디에도 정답은 없다. 이는 답을 찾기보다, 문제의 본질을 정면으로 마주하는 시간에 가깝다.

바로 그런 이유로 사주는 매우 흥미로운 언어가 된다. 사주는 하늘과 땅의 언어를 빌려, 지금 여기에 서 있는 나를 해석하는 전통의 지혜이다. 사주는 명확한 답을 제시하지 않는다. 대신, '나는 과연 어떤 사람인가?'라는 근원적인 질문을 던지게 한다. 나는 그의 사주를 펼쳐 보았다. 사주팔자(四柱八字, 태어난 해, 달, 날, 시를 기반으로 한 여덟 글자)는 인생을 흥미롭게 해석하고 삶의 방향을 설정하는 데 도움을 주는 도구이다. 목(木), 화(火), 토(土), 금(金), 수(水)라는 다섯 가지 기운이 여덟 글자로 짜여 한 사람의 인생이라는 소우주를 형성한다. 이 여덟 글자는 어머니의 뱃속에서 나와 탯줄이 잘리는 그 순간, 하늘이 우리에게 새겨준 고유한 시간의 표식이다.

자신의 별을 찾아 떠나는 여정

사주는 각자가 타고난 고유한 별의 특성을 알려주는 지도로서, 그 의미를 깨닫기 위한 인생 여정의 길잡이가 된다. 나는 사주를 볼 때면 종종 생텍쥐페리의 어린 왕자를 떠올린다. 그의 작은 별에는 활동하는 화산 두 개와 활동을 멈춘 사화산 하나, 그리고 장미꽃 한 송이가 있었다. 장미는 어린 왕자에게 사랑이자 외로움이었고, 위로이자 동시에 갈등의 원인이었다. 그는 수많은 다른 별들을 여행하고 나서야 비로소 깨닫는다. "세상에 수많은 장미가 있지만, 나의 장미는 세상에 단 하나뿐인 소중한 존재였다."

우리의 인생 또한 이와 닮아 있다. 누구나 자기만의 고유한 별을 가지고 태어나지만, 그 별이 지닌 진정한 의미를 깨닫기 위해서는 수많은 다른 별들을 거쳐가는 긴 여정이 필요하다. 사주는 바로 그 여정을 안내하는 지도와 같다. 당신의 별에는 어떤 화산과 장미가 있는지, 어떤 기운이 당신을 뜨겁게 달구고 또 어떤 기운이 당신을 차분하게 식히는지를 들여다보는 것이다.

사주팔자는 천간(天干, 하늘의 기운으로 정신과 생각을 상징)과 지지(地支, 땅의 기운으로 행동과 환경을 상징)로 이루어진다. 천간이 정신과 생각처럼 눈에 보이지 않는 설계와 의지를 의미한다면, 지지는 행동과 환경처럼 눈에 보이는 현실의 무대를 뜻한다. 그러나 인간의 모든 행동에는 생각이 깃들어 있듯, 천간과 지지는 분리된 개념이 아니라 정신과 몸이 함께 움직이는 하나의 생명체와 같다. 열 가지의 정신(갑,

을, 병, 정, 무, 기, 경, 신, 임, 계)과 열두 가지의 행동(자, 축, 인, 묘, 진, 사, 오, 미, 신, 유, 술, 해)이 서로 짝을 이루어 총 60가지의 조합을 만드는데, 이를 60갑자(六十甲子)라고 한다.

사주는 태어난 해(年), 달(月), 날(日), 시(時)라는 네 개의 기둥으로 세워지며, 각 기둥마다 두 글자씩 총 여덟 개의 글자로 구성된다. 그래서 이를 사주팔자라고 부른다. 년주(年柱)는 한 사람의 뿌리와 배경을, 월주(月柱)는 사회적 환경이라는 계절의 날개를, 일주(日柱)는 자기 자신이라는 고유한 별을 나타낸다. 그리고 시주(時柱)는 인생의 열매와 미래를 상징한다. 태어난 시간이 중요한 이유는 바로 이 때문이다. 시주는 인생의 마지막 장이 어떤 주제로 쓰일지를 예고하는 중요한 단서가 된다.

그로부터 2년 후, 상담을 받았던 그에게서 연락이 왔다. 그는 회사를 그만두고 창업을 했다고 전했다. 사주를 통해 자신을 들여다보고 나니 비로소 자신이 무엇을 해야 하는지 명확하게 알게 되었다는 것이다. 그는 교육 사업을 시작했으며, 이제는 더 이상 주사위를 던지듯 운에 기대어 결정하지 않는다고 했다. 자신의 별이 어디를 향해 가야 하는지 알게 되었기 때문이다. 사주는 과거의 기록이 아니라 지금의 나를 해석하는 살아있는 언어이다. 인공지능이 방대한 데이터를 읽어내는 시대에도, 사주는 변함없이 인간의 마음을 읽는다. 전통이란 결코 낡은 유물이 아니다. 그것은 인간을 이해하기 위해 가장 오랜 시간 다듬어진 고도의 기술이다. 결국 사주는 우리에게 이렇게 묻는다. "너는 지금 어떤 별 위에 서 있는가?"

4

사주, 왜 감춰져야 했는가

사주, 미신인가 학문인가

사주명리학이 과학인지 미신인지를 묻는 질문에 대한 가장 명확한 대답은 조선시대에 이것이 국가 공무원을 선발하는 시험 과목이었다는 역사적 사실에서 찾을 수 있다. 상담실에서 가장 많이 듣는 질문 중 하나는 "선생님, 사주가 과학인가요, 미신인가요?"라는 것이다. 나는 그때마다 이렇게 답한다. "조선시대에는 국가 공무원 시험 과목이었습니다." 이러한 대답에 사람들은 대개 어리둥절한 표정을 짓는다.

조선시대에는 잡과(雜科)라는 이름의 국가 기술직 공무원 시험이 있었다. 이 시험은 네 가지 전문 분야로 나뉘었는데, 외교관을 뽑는 역과

(譯科), 법률가를 선발하는 율과(律科), 의사를 양성하는 의과(醫科), 그리고 음양과(陰陽科)가 바로 그것이다. 음양과는 천문학, 지리학, 그리고 사주명리학(四柱命理學, 사주팔자를 통해 인간의 운명을 연구하는 학문)을 다루는 분야였다. 즉, 사주는 국가 기관에서 공식적으로 가르치고 활용했던 학문이었던 것이다. 당시 사주명리학은 단순히 개인의 운세를 점치는 수준을 넘어, 시범사업을 어디서부터 시작할지, 대외적인 행사는 언제가 좋을지, 국가의 중요한 정책을 언제 시행해야 할지 등 국가의 중대사를 결정하는 데 활용되었다. 그것은 하늘의 주기와 인간 사회의 흐름을 분석하여 국가 전략을 수립하는 고도의 도구였으며, 오늘날로 치면 기업의 데이터 분석팀이나 전략 기획실과 같은 역할을 수행했다.

권력자들이 사주를 감춘 이유

한때 국가 전략의 핵심 도구였던 사주명리학이 오늘날 미신으로 치부되는 이유는, 그것이 지닌 힘을 독점하려 했던 권력자들에 의해 의도적으로 감춰졌기 때문이다. 사람들은 의과 출신인 허준에 대해서는 잘 알지만, 음양과 출신 관료들이 조정에서 구체적으로 어떤 역할을 했는지에 대해서는 거의 알지 못한다. 그 이유는 무엇일까? 바로 권력자들이 사주를 의도적으로 감췄기 때문이다.

사주는 한 사람의 성향과 약점, 그리고 인생의 기회가 언제 찾아올지를 드러낸다. 이것은 곧 한 개인이나 조직에 대한 상세한 리스크 관리 보고서나 다름없다. 권력자에게 리스크 관리는 권력 유지와 직결되는 생명과도 같은 문제이다. 따라서 조선의 왕과 재상들은 자신의 운명을 길거리 점집에 맡기는 대신, 국가가 양성한 최고의 전문가들을 통해 자신들의 운명을 분석하고 관리했다. 그들은 이 강력한 도구를 대중과 공유하기보다는 소수의 지배계층만이 독점하는 비밀스러운 지식으로 만들었다.

사주는 정세 파악과 인재 등용의 핵심 도구였기에, 권력자들은 이를 대중으로부터 철저히 감추고 독점했다. 조선의 왕과 재상들은 오늘날의 전략 컨설턴트와 같은 책사를 조용히 곁에 두고 국가의 중대사를 논의했다. 이들은 사주를 통해 정세를 읽고 시장을 예측하며 인재를 평가하는 역할을 수행했다. 재계의 거물들 또한 마찬가지였다. 상단의 주인들은 자신의 사주는 철저히 숨기면서도, 경쟁자와 거래처의 사주는 은밀히 알아내어 이를 자신들의 사업에 유리하게 활용했다. 이처럼 사주는 아는 사람만 아는 은밀한 권력의 도구였다.

이 강력한 지식이 대중에게 알려지지 않은 이유는 간단하다. 강자들이 '그것은 미신이다'라는 말로 진실을 가렸기 때문이다. 사주는 숨겨야만 지킬 수 있는 권력의 원천이었으며, 너무나 유용했기에 오히려 일반 대중에게는 금지된 지식이 되어버렸다. 오늘날 사주가 여전히 미신이라는 오해를 받는 것은 바로 이러한 역사적 배경 때문이다.

사주와 챗GPT, 질문의 차이가 답의 깊이를 결정한다

사주는 챗GPT처럼 정답을 주는 검색 엔진이 아니라, 올바른 질문을 통해 삶의 방향을 제시하는 나침반과 같다. 2023년 챗GPT가 등장하자 사람들은 "이제 AI에게 물어볼 수 있는데, 왜 사주를 보죠?" 하지만 "나는 부자가 될 수 있을까요?"라는 질문 앞에서 AI의 답이 선뜻 와닿지 않는 이유는 분명하다. 우리가 던진 질문 자체가 아직 삶의 깊이에 닿지 않았기 때문이다.

그래서 질문을 '내 고유한 성향으로 어떤 일을 해야 가장 빛날 수 있을까?'와 같이 바꾸면, 답변의 차원은 완전히 달라진다. 사주는 정답을 주는 것이 아니라 올바른 방향을 제시하는 나침반의 역할을 하기 때문이다. 인생의 길이 하나뿐이라면 지도는 필요 없다. 하지만 수십 갈래의 길이 나타날 때, 사주는 '이 방향이 당신의 흐름에 가장 잘 맞는다'는 깃발을 꽂아준다. 이것은 예언이 아닌 전략이다.

자신의 길을 찾다: 사주를 통한 자기 발견

사주 상담의 본질은 미래를 예단하는 것이 아니라, 개인의 고유한 에너지를 분석하여 가장 빛날 수 있는 길을 알려주는 데 있다. 어느 날 30대 초반의 한 남성이 '이직해야 할까요, 아니면 지금 회사에 남아야 할까요?'라는 전형적인 질문을 가지고 찾아왔다. 그가 고민하는 이유는 연봉은 만족스럽지만 현재 하는 일이 자신의 길이 아닌 것 같다는 느낌 때문이었다. 그는 기획팀에서 매일 똑같은 보고서를 쓰고, 반복되는 회의에 참석하며, 결재를 받는 일상에 지쳐 있었다.

나는 그의 사주를 살펴보았다. 그는 식상(食傷, 창조와 표현의 에너지)의 기운이 매우 강한 사람이었다. 그러나 그가 현재 맡은 업무는 관성(官星, 규칙과 질서를 상징)이 강하게 요구되는 자리였다. 그의 강한 창조적 에너지가 정해진 틀 안에서 반복되는 업무로 인해 억눌리고 있었던 것이다. 나는 그에게 무언가를 직접 기획하고, 창조하며, 표현하는 일을 해야만 진정으로 살아있음을 느낄 수 있는 사람이라고 설명했다. 예를 들어 콘텐츠를 제작하거나, 새로운 마케팅을 기획하는 것처럼 창조적인 일이 그의 성향에 맞았다.

그는 8개월 뒤, 마케팅 기획팀으로 이직했고 처음으로 일이 재미있게 느껴진다며 연락해 왔다. 그는 사주가 '당신은 이런 사람이다'라고 알려주었음을 그제야 깨달았다. 이처럼 사주는 '무엇을 해라, 하지 마라'를 결정해 주지 않는다.

대신 '당신은 이런 사람이고, 이러한 방식으로 살아갈 때 가장 빛날 수 있다'는 사실을 알려준다. 사주를 배운다는 것은 미래를 예언하는 기술을 익히는 것이 아니라, 나 자신을 깊이 이해하는 과정이다. 내가 어떤 에너지로 세상과 관계를 맺고, 그 에너지를 어떻게 사용해야 하는지에 대한 진짜 질문을 던지게 하는 것이다.

인생의 관계도, 육친(六親)

사주는 고립된 개인을 분석하는 학문이 아니라, 육친(六親)이라는 관계의 틀 안에서 개인이 세상과 어떻게 상호작용하는지를 해석한다. 부모, 친구, 연인, 동료, 상사 등 나를 둘러싼 관계 속에서 나를 이해하는 도구가 바로 육친(六親, 나와 타인과의 관계를 규정하는 대인관계 유형)이다. 육친은 인성(印星, 배움과 보호), 비겁(比劫, 협력과 경쟁), 식상(食傷, 창조와 표현), 재성(財星, 수익과 관리), 관성(官星, 책임과 질서)이라는 다섯 가지 힘으로 구성되며, 이는 곧 세상과 관계를 맺는 다섯 가지 방식을 의미한다.

어떤 힘을 주로 사용하느냐에 따라 한 사람의 인생 멜로디는 완전히 달라진다. 권력자들이 사주를 감춘 이유가 바로 여기에 있다. 이 관계의 지도만 있으면 타인의 성향을 정확히 파악하고, 최적의 팀을 구성하며, 효과적인 전략을 짤 수 있었기 때문이다.

사주는 미신이 아니라, 질문의 수준을 높여 자신의 가능성을 탐색하게 하는 '인생 설명서'이자 '인간 해석기'이다. 따라서 '언제 돈을 버는가?'라는 질문에서 멈추지 말고, '내가 가진 힘으로 어떤 세상을 만들 수 있는가?'라고 물어야 한다. 질문의 수준이 곧 답의 깊이를 결정한다. 사주는 챗GPT가 결코 대신할 수 없는 고유한 인간의 언어이다. 그것은 단순히 데이터를 분석하는 것이 아니라, 한 사람의 영혼을 읽어내는 학문이기 때문이다.

Part 2

인간과 사주의 만남

1

맥락 없는 사주란 없다

사주가 같아도 삶이 같지 않은 이유

사주팔자가 태어난 순간에 부여되는 고유한 시간의 코드임에도 불구하고, 동일한 사주를 가진 사람들이 서로 다른 삶을 사는 것은 지극히 당연하다. 사주 상담에서 자주 받는 질문 중 하나는 '같은 날 같은 시간에 태어난 사람들은 모두 똑같은 인생을 사는가?'라는 것이다. 이러한 질문 뒤에는 '그렇다면 나도 저 사람처럼 성공할 수 있는가?'라는 기대감이나, '왜 나만 이런 힘든 삶을 사는가?'라는 좌절감이 섞여 있는 경우가 많다.

사주팔자는 개인의 타고난 기질과 운의 흐름을 보여주지만, 그것이 곧 정해진 삶을 그대로 살아간다는 의미는 아니다. 사람은 태어난 순간부터 한 명의 온전한 인격체로 완성되기까지 수많은 조건과 환경의 영향을 받는다. 부모가 어떻게 양육했는지, 인생에서 누구를 만났는지, 그리고 무엇을 경험했는지가 겹겹이 쌓이면서 각자의 삶은 고유한 색과 질감을 갖게 된다.

이해를 돕기 위해 다이아몬드를 예로 들어보자. 동일한 성분을 가진 세 개의 원석이 있다. 하나는 장인의 손을 거쳐 아름다운 반지로 탄생하여 매일 누군가의 손가락 위에서 찬란하게 빛난다. 다른 하나는 특별한 장신구가 되어, 일 년에 한 번 기념일 같은 날에만 세상에 그 모습을 드러낼 수도 있다. 심지어 어떤 다이아몬드는 금고 속에 갇힌 채 평생 단 한 번도 빛을 보지 못하기도 한다. 세 원석의 본질은 모두 같았지만, 누구를 만나 어떤 과정을 거쳤느냐에 따라 그 빛과 쓰임, 그리고 운명은 완전히 달라졌다.

1990년 3월 15일 오후 2시 30분, 바닷바람이 부는 작은 마을의 한 산부인과에서 두 산모가 거의 동시에 아기를 낳았다. 한 아이는 김씨 집안의 아들이었고, 다른 아이는 임씨 집안의 아들이었다. 김씨의 아버지는 큰 배를 여러 척 거느린 선주였다. 그는 아들을 부족함 없이 키우겠다고 다짐했고, 아이는 풍족함 속에서 자랐다. 값비싼 옷을 입고 맛있는 음식을 먹으며, 원하는 것은 눈빛만으로도 가질 수 있었다. 초등학교 입학식 날, 그의 발에는 나이키 최신 모델 운동화가 신겨 있었다.

반면 임씨의 아버지는 시청 공무원이었다. 월급은 정확한 날짜에 나왔지만 살림은 넉넉하지 않았다. 그는 아들을 열심히 공부시켜 안정된

직장을 갖게 하는 것을 목표로 삼았다. 아버지는 새벽마다 아들의 책상 위에 참고서를 올려두었고, 용돈은 꼭 필요한 만큼만 주었다. 입학식 날, 임씨는 형이 신던 운동화를 물려받아 신었다. 발에 조금 헐렁했지만 그는 불평하지 않았다. 같은 하늘 아래, 같은 시각에 태어났지만 한 아이에게는 돈이 날개였고, 다른 아이에게는 공부가 날개였다.

세월이 흘러 2018년, 두 사람은 스물여덟 살이 되었다. 사주로 보면 이 시기에 두 사람에게는 관성운(官星運, 책임, 사회적 역할, 결혼, 시험 등 인생의 큰 전환점을 의미하는 운)이 함께 들어왔다. 그해 5월, 김씨는 여자 친구로부터 임신 소식을 듣고 머리가 하얘지는 충격을 받았다. 아직 결혼 준비가 되지 않았지만, 집안에서는 남자가 마땅히 책임져야 한다며 당장 결혼을 준비하라고 명했다. 그는 석 달 후 결혼식을 올렸지만, 신혼여행을 가는 비행기 안에서 창밖만 바라보며 자신이 진정으로 결혼을 원했는지 자문했다.

같은 해 여름, 임씨는 도서관에서 세 번째 7급 공무원 시험을 준비하고 있었다. 새벽 5시에 일어나 밤 11시까지 공부에 매달린 끝에 8월, 그는 합격자 발표 화면에서 자신의 이름을 발견했다. 떨리는 손으로 아버지에게 합격 소식을 전했다. 이처럼 두 사람에게는 동일한 운이 찾아왔지만, 한 사람은 예상치 못한 결혼으로, 다른 한 사람은 오랫동안 준비한 시험 합격으로 그 관성을 맞이했다. 사주의 물줄기는 같았을지라도, 각자가 처한 환경과 선택에 따라 배가 향한 방향은 다를 수 있다. 주변 환경이 그 사람의 기본기를 완성한다.

사주팔자가 같다는 것은 같은 시기에 비슷한 기운의 운을 맞이한다는 뜻이다. 그러나 자라온 환경, 만난 사람, 부모의 가르침, 그리고 스스로 내린 선택이 결국 각자의 삶을 다르게 빚어낸다. 동일한 기운이라도 그것을 어떻게 사용하느냐에 따라 결과는 하늘과 땅 차이로 벌어진다. 거친 원석은 누가 어떻게 다듬느냐에 따라 빛나는 각도가 달라지듯, 사주 역시 마찬가지다. 팔자는 타고난 성향과 기질을, 운은 그 성향이 언제 강하게 작용하는지를 알려준다. 하지만 그것을 어떤 모습으로 드러내고 어떤 결실을 맺을지는 결국 자신과 주변 환경이 함께 만드는 합작품이다.

운의 흐름은 같아도 삶은 다르다. 그리고 그 다름이야말로 각자가 지닌 고유한 빛이다. 지금 당신의 모습이 다듬어지지 않은 원석처럼 거칠다 해도 괜찮다. 그것은 세상에 단 하나뿐인 보석이 될 준비를 하고 있다는 증거다. 어떤 빛을 내는 보석으로 가공될지는 앞으로의 선택에 달려 있다.

같은 사주, 다른 인생

같은 사주 구조를 가진 사람들이 전혀 다른 삶을 살아가는 모습을 마주할 때마다, 사주가 얼마나 입체적인 해석을 필요로 하는 학문인지 다시금 깨닫게 된다. 사주 상담을 하다 보면 때로는 동일한 사주 구조를 가진 두 사람을 만나게 되는데, 그때마다 이 구조가 얼마나 다르게 펼쳐질 수 있는지에 대해 깊은 탐구심이 생긴다. 그날도 그런 날 중 하나였다. 몇 해 전부터 꾸준히 인연을 이어온 손님 가운데 세속을 떠나 출가한 지 오래된 스님이 있다. 그는 어떤 대화를 나누어도 깊은 여운을 남기는, 마치 고요한 숲과 같은 분이다. 늘 말이 적었고, 말보다는 침묵으로 더 많은 것을 전하는 사람이었다.

한 스님과 여배우의 사례는 동일한 사주가 성별과 운의 흐름에 따라 얼마나 다르게 발현될 수 있는지를 명확히 보여준다. 언제나처럼 스님의 사주를 펼쳐보면, 그 중심에는 관성(官星, 사회적 책임, 질서, 의무를 상징하는 기운)이 든든하게 자리 잡고 있었다. 그는 타인의 시선을 의식하기보다는 사회 구성원으로서 마땅히 해야 할 도리를 기준으로 삼아 살아가는 인물이었다. 그의 사주에는 재성(財星, 현실적인 가치, 관계, 돈, 아내를 의미하는 기운)이 없었다. 이는 그가 세속적인 관계에서 멀어진 이유가, 애초에 물질을 초월한 가치관을 가졌기 때문임을 짐작하게 했다. 어느 날 스님은 이렇게 말했다. “나는 오히려 욕심이 많은 것 같습니다. 가질 수 있는 것보다, 가질 수 없는 것에 대한 관심이 더 많지 않았나 싶습니다.” 그 말속에는 오랜 수행으로 다져진 깊은 평안이 깃들어 있었다. 이처럼 관성이 강해 사회적 책임감은 깊고 넓었으나, 재성이 약해 개인의 욕망과는 거리를 둔 그의 삶은, 자연스레 자신을 위한 길보다 더 큰 깨달음을 위한 길로 흘러갔다.

며칠 뒤, 한 연예기획사 대표로부터 새로운 작품에 들어갈 배우의 상담을 부탁한다는 연락이 왔다. 약속한 날에 상담실을 찾은 그녀는 화려한 외모에 환한 미소를 지닌 여성이었다. 그러나 그녀의 사주를 펼쳐본 순간, 나는 적잖이 놀랐다. 천간과 지지, 오행의 짜임새, 그리고 육친의 흐름까지 모든 것이 스님의 사주와 똑같은 구조였기 때문이다. 다만 결정적인 차이가 하나 있었다. 바로 운의 흐름이 정반대 방향으로 흐르고 있었다. 사주에서는 남성과 여성은 대운(大運, 10년 주기로 바뀌는 큰 운의 흐름)의 방향이 반대로 작용한다. 그 결과 스님은 관성이 왕성한 시기에 세속을 떠나 출가를 선택했다. 그녀는 관성이 강하게 작용하는 시기에 대중의 스포트라이트를 받게 된 것이다.

그녀는 화려한 겉모습과 달리, 집에 돌아오면 깊은 외로움을 느낀다고 털어놓았다. 스님은 재성이 없었기에 세속과의 인연을 끊었고, 반면 그녀는 재성이 약해 많은 돈을 벌어도 온전히 지키지 못했으며 관계의 공허함에 시달렸다. 스님이 여성과의 인연 대신 세상을 품는 길을 걸었다면, 그녀는 세상의 사랑을 한 몸에 받았지만 정작 자신을 온전히 품어줄 단 한 사람을 만나지 못해 힘들어했다. 그녀는 주변에 사람은 넘쳐나지만 정작 속 깊은 이야기를 나눌 상대가 없었다. 연애도 해봤지만 상대가 자신이라는 사람보다 '여배우'라는 이미지에만 관심을 보이는 것 같아 모두 헤어졌다고 고백했다.

나는 그녀에게 스님과의 인연을 이야기하며 같은 사주라도 어떻게 살아가느냐에 따라 전혀 다른 인생이 펼쳐진다고 이야기했다. 두 사람 모두 강한 관성을 지녔지만, 스님은 그것을 내면을 다스리는 절제로 삼았고 여배우는 외적인 표출로 드러냈다. 두 사람 모두 재성이 약했지만, 스님은 관계를 스스로 내려놓음으로써 평온을 얻었고 여배우는 관계에 집착하며 마음을 소모했다. 이처럼 같은 사주라도 어떤 이는 세상을 품는 길로 나아가고, 어떤 이는 세상에 자신을 드러내는 길로 나아간다. 운이 흐르는 방향에 따라 누군가는 고요 속에 머물고, 누군가는 환호 속에 서게 되는 것이다.

그녀가 외로움에서 벗어날 방법을 물었다. 나는 관계에 대한 집착을 내려놓으라고 조언했다. 사랑받고 싶다는 마음에 애를 태우기보다, 스스로 편안해지는 것이 우선이라고 덧붙였다. 사랑은 구하는 것이 아니라 자연스럽게 찾아오는 것이며, 자신이 편안해져야 타인도 편안하게 다가올 수 있기 때문이다. 여섯 달 뒤, 그녀에게서 연락이 왔다. 그녀는 타인에게 잘 보이려는 노력을 그만두자 오히려 더 편안한 관계들이 생겨나기 시작했다며, 같은 사주라도 어떻게 생각하느냐에 따라 삶이 달라질 수 있다는 것을 이제야 알 것 같다고 전했다.

사주는 하나의 악보와 같다. 하지만 어떤 악기로, 어떤 연주자가 연주하느냐에 따라 전혀 다른 음악이 탄생한다. 스님은 침묵이라는 악기로, 여배우는 환호라는 악기로 같은 악보를 연주하여 전혀 다른 선율을 빚어냈다. 당신의 사주는 지금 어떤 악기로 연주되고 있는가? 그리고 당신은 어떤 음악을 만들고 싶은가? 그 답을 찾아가는 과정, 그것이 바로 사주를 공부하는 진정한 이유다.

일주로 보는 사람들의 이야기

갑자일주 - 새벽을 여는 푸른 기운

갑자일주(甲子日柱)를 가진 사람들은 명석한 두뇌와 강한 자존심을 지녔지만, 감정 표현이 신중해 종종 차갑다는 오해를 받는다.

30대 초반의 한 남성은 '진심을 전해도 냉정하단 말을 듣는다'고 털어놓았다. 표정은 담담했지만, 목소리에는 서운함이 묻어 있었다. 감정을 얼마나 표현하느냐는 질문에 그는 "말이 많아지는 것이 싫어, 행동으로 보여주는 편입니다."라고 조용히 말했다. 이들은 두뇌 회전이 빠르고 냉철해 보이지만, 속은 의외로 여리고 순수하다.

문제는 감정을 전하는 방식이다. 자신은 충분히 신호를 보냈다고 믿지만, 상대는 그 마음을 알아채지 못한다. 그래서 관계 속에서 오해가 잦고, 말보다 행동을 중시하는 태도는 종종 거리감을 만든다.

불편한 감정을 마주하면 침묵을 택하고, 대화에서는 상대를 먼저 배려한다. 그러나 그렇게 삼킨 말들이 마음속에 쌓이며 스스로를 무겁게 만든다. 그럼에도 그들의 언어는 깊다. 쉽게 말하지 않기에, 한마디가 전해질 때 그 진심은 누구보다 묵직하게 울린다.

갑진일주 - 웅장한 나무가 되기까지

깊게 뿌리내린 큰 나무와 같은 갑진일주(甲辰日柱)는 묵직한 존재감으로 주변 사람들에게 신뢰를 주지만, 정작 자신은 타인의 기대에 부담을 느끼기도 한다. 상담실에 들어선 40대 중반의 남성은 조용히 앉아 있었음에도 묵직한 기운을 풍기고 있었다. 그는 사람들이 자신에게 지나치게 의지하는 상황이 버겁다고 고백했다. 혼자 있는 시간을 선호하지만, 주변 사람들이 끊임없이 자신에게 기대어 오는 것이 때로는 무겁게 느껴진다는 것이었다.

갑진일주는 깊게 뿌리내린 거대한 나무와 같다. 말수는 적어도 상대에게 확고한 믿음을 주며, 겉으로는 무심해 보여도 내면은 누구보다 단단하다. 이들은 혼자 묵묵히 자신의 길을 걷기에, 외로움이 찾아와도 크게 동요하지 않고, 누군가 다가와도 쉽게 흔들리지 않는다. 사람들이 그에게 의지하는 이유는 아마도 그가 안정적으로 보이기 때문일 것이다. 실제로도 그는 다른 사람들이 힘들어할 때조차 평정심을 잃지 않는 강인함을 지니고 있었다.

겉으로는 개인주의자처럼 보일 수 있지만, 갑진일주는 타인과 자신을 비교하지 않는다. 오직 자신의 기준에 따라 성장하며, 주변의 속도나 크기에 자신을 맞추려 하지 않는다. 언제나 묵묵히 자리를 지키며, 쉬어갈 그늘이 되어주고, 누군가에게는 버팀목이 된다. 어쩌면 이들에게 부담스러움 자체가 팔자이자 기본기일지도 모른다. 스스로 누군가에게 의지할 상황은 만들지 않으면서도, 지치고 힘든 이에게는 늘 기댈 수 있는 자리가 되어 주는 사람. 그래서였을까. 그는 속 시원히 말할 곳이 필요했던 것 같다. 조언보다, 그저 들어줄 사람이 필요해서 내게 찾아온 인연이었다.

갑신일주 - 거울과 무대 사이에서

갑신일주(甲申日柱)는 타인의 시선이라는 거울 앞에서 자신을 연출하는 배우와 같아, 항상 완벽한 모습을 추구하지만 무대가 꺼진 뒤에는 공허함을 느끼기 쉽다. 이들은 종종 "나, 어때 보여?"라는 질문을 가장 먼저 던진다.

말끔한 정장 차림으로 찾아온 20대 후반의 한 남성은 최근 승진에서 탈락했다는 사실보다, 그 일로 인해 주변 사람들이 자신을 어떻게 볼 것인가를 더 걱정했다. 자신이 타인에게 완벽한 사람으로 비쳤을 텐데, 이번 일로 인해 그들이 실망할까 봐 두렵다고 말했다.

그의 삶은 언제나 타인이라는 거울 앞에서 시작된다. 칭찬 한마디는 환한 스포트라이트가 되고, 무심한 비판은 꺼진 조명처럼 그를 어둠 속에 잠기게 만든다. 그래서 그는 시험이든 발표든 늘 철저히 준비하며, 그 과정 자체를 즐기고 도전에서 에너지를 얻는다. 완벽해 보이기 위해 매일 옷차림, 말투, 표정 하나하나까지 신경 쓰며, 그렇게 하지 않으면 불안하다고 했다. 외모와 스타일 관리 역시 빼놓을 수 없는 부분이다. 그에게 깔끔한 옷차림은 또 하나의 명함이자, 자신을 연출하는 배우의 무대 의상과 같다.

하지만 화려한 무대가 끝나고 고요한 대기실에 홀로 남는 순간, 그는 깊은 공허함과 마주한다. 혼자 거울을 보며 '이게 진짜 내 모습일까' 하는 회의감에 빠지기도 한다. 갑신일주에게 진정으로 필요한 것은 자신만의 내적 기준이라는 거울이다. 타인의 평가가 아닌, 자기 마음을 기준으로 "나 오늘 좀 멋있네!" 자화자찬이 필요하다. 잠깐 스쳐 가는 타인의 시선보다, 스스로를 근사하다고 느끼는 그 내면의 거울이 그에게는 더 오래 남을 것이다.

을사일주 - 빛을 품은 따뜻한 불꽃

따뜻한 햇살처럼 주변을 환하게 밝히는 을사일주(乙巳日柱)는 밝은 겉모습 뒤에 뜨거운 열정을 품고 있는 존재이다. 상담실 문을 연 30대 초반 한 여성에게서는 햇살 같은 따스함이 느껴졌다. 그녀는 유쾌하고 긍정적이며, 짧은 시간에 눈길을 사로잡는 힘을 가진 사람이었다. 을사일주는 작은 관심에도 쉽게 감동하며 그 안에서 큰 즐거움을 찾는다. 사랑하는 이에게는 자신의 모든 것을 아낌없이 내어주는 순수한 마음을 지녔다.

겉으로는 마냥 밝아 보이지만, 그 내면은 쉽게 식지 않는 뜨거운 불씨가 살아 있다. 이는 마치 거꾸로 타오르는 불꽃처럼, 자신이 좋아하는 일에 몰두할 때 놀라운 추진력으로 발현된다. 그녀는 새로운 프로젝트 때문에 바쁜 나날을 보내고 있었지만, 좋아하는 일이기에 힘들기보다 즐겁다고 말했다. 을사일주는 사막 한가운데 피어난 붉은 꽃처럼 척박한 환경 속에서도 따뜻한 빛과 생기를 나누는 존재다. 깊은 동정심과 봉사 정신을 바탕으로 타인의 길을 비춰 주며, 아무런 대가 바라지 않고 진심 어린 조언을 건네는 사람이다.

하지만 반딧불이 스스로의 에너지를 가져야 빛을 잃지 않듯, 을사일주 역시 자신을 먼저 돌볼 때 그 따뜻함이 오래 지속된다. 이들은 종종 타인을 돕는 데 몰두한 나머지 정작 자신의 일을 뒤로 미루곤 한다. 다른 이의 어려움을 외면하지 못하는 마음 때문에 거절을 못하고, 결국 스스로 지쳐 버리는 상황에 놓이기도 한다. 그러나 자신의 불이 꺼져 버리면 그 누구의 길도 더는 비춰 줄 수 없다는 사실을 기억해야 한다. 체급보다 체력 관리가 필요하다.

을유일주 - 바위틈에 피어난 꽃

을유일주(乙酉日柱)는 바위틈에 피어난 꽃처럼 겉으로는 강하고 차가워 보이지만, 내면에는 섬세함과 따뜻함을 간직하고 있다. 20대 후반의 한 여성은 첫인상이 차갑고 말수가 적었으며, 표정 변화도 거의 없었다. 하지만 대화를 나누자 의외의 속마음을 털어놓았다. 그녀는 다른 사람들이 자신을 어떻게 생각할지 두려워하며, 상처받기 싫어 일부러 차가운 방어막을 치고 있었다. 이는 쉽게 꺾이지 않는 강인함 속에 은은한 향기를 품고 있는 을유일주의 특징을 그대로 보여준다. 겉모습은 고고해 보여도 속은 따뜻하고 여린 면모를 지니고 있다.

그녀의 차가운 태도는 과거의 깊은 상처에서 비롯된 자기방어 기제였다. 어린 시절 겪었던 상처 때문에 더 이상 다치지 않으려 타인이 가까이 다가오지 못하도록 스스로 벽을 세운 것이다. 본능적으로 섬세하고 조심스러운 성향 탓에 스스로를 끊임없이 검열하지만, 명확한 목표를 발견하는 순간 그 잠재력은 폭발적으로 발현된다. 특히 을유일주는 소리와 언어에 대한 감각이 뛰어나, 예리하고 정확한 표현력을 강력한 무기로 삼는다.

그녀는 글쓰기에 재능이 있었지만, 비판받는 것이 두려워 다른 사람에게 자신의 글을 보여주지 못했다. 이처럼 강한 자존심과 고고한 기질은 때때로 스스로를 외롭게 만들기도 한다. 속으로 고민을 삭이다가 어느 순간 감정이 폭발할 위험도 내포하고 있다. 따라서 연애에 있어서는 진심 어린 칭찬과 존중이 이들의 마음을 여는 가장 중요한 열쇠가 되며, 상대방으로부터 존경과 인정을 받을 때 가장 깊은 사랑을 느낀다. 을유일주가 가장 빛나는 순간은 타인과 비교하기를 멈추고 온전히 자신을 믿을 때이다. 자신이 잘하는 것에 집중하면, 어느 자리에서든 당당하게 피어나는 유일무이한 꽃이 될 수 있다.

사주 속 재물, 많다고 부자가 될까?

사주 상담에서 가장 빈번하게 나오는 질문 중 하나는 재물운이지만, 사주에 재물이 많다는 것이 곧바로 큰 부자가 된다는 뜻은 아니다. 30대 중반의 한 남성은 인터넷 무료 사주 풀이에서 자신에게 재성(財星, 사주에서 재물을 상징하는 기운)이 많다는 결과를 보고 큰 기대감에 부풀어 있었다. 그는 그것이 곧 엄청난 부를 가져다줄 신호라고 믿으며, 집을 사고 차를 바꾸는 미래를 그리고 있었다. 사주에 재물이 많다는 것은 분명 가능성이 크다는 신호이지만, 사주의 해석은 그렇게 단순하지 않다.

우리는 자본주의 사회를 살고 있으며, 사랑이나 건강, 꿈과 같은 가치들도 결국 돈이 없으면 지키기 어려운 것이 현실이다. 그렇기에 재물운은 누구나 가장 궁금해하는 주제일 수밖에 없다. 그러나 '재물이 많다'는 사주 구조가 '큰 부자'라는 결과와 직결되는 것은 아니다. 사주에서 재성을 해석하는 것은 마치 나무와 토양의 관계를 살피는 것과 같다. 만약 내가 나무라면, 나의 재물은 뿌리를 내릴 수 있는 토양이 된다. 넓고 비옥한 토양을 가졌다면 부자가 될 확률은 분명 높다.

하지만 여기서 가장 중요한 변수는 바로 '계절'이다. 똑같은 나무와 땅이라도 어느 계절에 태어났는지에 따라 재물의 쓰임과 의미는 완전히 달라진다. 봄에 태어난 나무는 아직 어리고 성장해야 하는 시기이므로, 화려한 열매를 맺기보다 땅속 깊이 뿌리를 내리는 데 집중해야 한다. 즉, 지금은 돈을 쓰는 시기가 아니라 기반을 다지며 쌓아가는 시기라는 의미다. 반면 가을에 태어난 나무는 이미 익은 열매를 어떻게 효율적으로 거두어들일지가 관건이며, 겨울에 태어난 나무는 다가올 봄을 기다리며 에너지를 비축해야 한다.

자신이 나무(木)가 아닌 다른 오행(五行)으로 태어났다면 재물을 만드는 방식 또한 달라진다. 불(火)의 기운을 가진 사람은 숨겨진 가치를 발견하여 세상에 널리 알리는 역할을 통해 부를 얻으며, 주로 마케팅이나 방송, 기획 분야에서 성공한다. 흙(土)의 기운을 가진 사람은 재물을 안정적으로 가두고 저장하는 힘이 있어, 조용하지만 확실하게 부를 축적하는 스타일이다. 쇠(金)의 기운을 가진 사람은 정확한 타이밍과 과감한 결단력이 재물의 성패를 가르며, 한 번의 기회로 큰 성공을 거두기도 한다. 마지막으로 물(水)의 기운을 가진 사람은 특유의 유연성과 감각으로 기회를 포착하여 재물을 만들어낸다.

결론적으로, 사람들은 흔히 '사주에 재물이 많으면 지금 당장 부자가 된다'고 착각하지만, 정말 중요한 것은 재물이 들어오는 시기인 '운(運)'과 그것을 감당하고 관리할 수 있는 개인의 역량이다. 이 두 가지가 완벽하게 맞아떨어질 때 비로소 진정한 부를 이룰 수 있다. 만약 아직 어린 나무에게 감당할 수 없을 만큼 넓은 땅과 많은 재물을 한꺼번에 준다면 과연 어떤 일이 벌어지겠는가?

뿌리를 제대로 내리기도 전에 성급하게 가지를 뻗으려다 결국 시들어버리는 나무와 같다. 이는 '재다신약(財多身弱)'의 사주를 설명하는 비유이다. 재물은 많으나 그것을 감당할 신체적, 정신적 힘이 약해 제대로 한번 써보지도 못하고 모든 것을 잃게 되는 상황을 의미한다. 과거 20대에 많은 돈을 벌었으나 여기저기 무리하게 투자하다 전부 잃었다는 한 40대 남성의 사례가 바로 이것이다. 재물은 들어왔지만, 그것을 지키고 관리할 힘이 부족했던 것이다.

작은 이익에 가려진 큰 기회

재물운의 본질은 눈앞의 작은 이익에 현혹되지 않고, 더 큰 기회를 볼 줄 아는 지혜에 있다. 이 이야기는 단편적이지만 그 의미를 이해하는 데 도움이 되는 이야기다. 남해안의 어느 작은 마을에 살던 한 어부의 일화가 이를 잘 보여준다. 어느 날, 그는 하늘을 뒤덮은 갈매기 떼를 보고, 바다에 엄청난 멸치 떼가 몰려왔음을 직감했다. 어부는 신이 나서 그물을 던졌고, 배가 가득 찰 만큼 멸치를 잡아 그날 저녁 큰돈을 손에 쥐었다.

하지만 문제는 다음 날 발생했다. 바다에서는 아무것도 잡히지 않았다. 멸치 떼를 따라 들어왔어야 할 더 큰 물고기인 갈치 떼가 미끼가 사라지자 올 이유가 없어진 것이다. 어부는 그제야 눈앞의 작은 돈에 현혹돼 더 큰 기회를 스스로 차버렸다는 사실을 깨달았다.

이 이야기에서 갈매기는 사회적 기회를, 멸치는 작은 돈을, 그리고 갈치는 장차 들어올 큰돈을 상징한다. 결국 이 일화는 눈앞의 이익에 급급할수록 더 큰 흐름을 놓치게 된다는 재물운의 핵심 원리를 담고 있다.

진정한 부를 이루는 네 가지 원칙

그렇다면 재물이 많은 사주를 가진 사람은 어떻게 해야 부를 완성할 수 있을까. 첫째, 돈이 들어온다고 해서 쉽게 취하지 말아야 한다. 진정한 부자는 돈이 들어올 때와 나가야 할 때를 정확히 아는 사람이다. 둘째, 운이 좋을수록 더 조심해야 한다. 계약서에 도장을 찍기도 전에 돈 쓸 계획부터 세우면 그 일은 틀어지기 마련이다. 좋은 운은 요란하지 않게 시작해, 묵묵히 쌓일 때 비로소 힘이 된다. 셋째, 계란을 한 바구니에 모두 담지 않듯, 돈도 여러 갈래로 나누어 지켜야 오래 간다. 마지막으로, 돈은 결국 사람을 통해 움직인다는 사실을 잊지 말아야 한다. 수익만큼 중요한 것이, 돈으로 얽힌 관계를 지켜내는 것이 중요하다.

사주에 재물이 많다는 말은, 부자가 될 가능성이 크다는 신호일 뿐이다. 돈은 저절로 쌓이지 않는다. 벌고, 키우고, 지키고, 나누는 과정을 거쳐야 비로소 내 것이 된다. 그래서 "사주에 돈이 많다는데 왜 나는 여전히 힘들까?"라고 느낀다면, 그것은 사주가 틀린 것이 아니라, 아직 돈을 다루는 법을 배우는 중이기 때문이다. 지금의 당신이 부자가 될 자격이 없는 게 아니라, 부자가 되는 법을 연습하고 있는 것이다.

이제 선택의 순간이다. 돈의 맛에 취해 잠깐의 환상에 머물 것인가, 아니면 운의 흐름을 읽고 진짜 부자의 길로 들어설 것인가. 그 답은 언제나, 사주가 아니라 당신의 태도에 달려 있다.

2

공감하는 언어로 읽는 사주

사주팔자, 나의 인생 자동차

사주명리학은 이러한 인생의 선택을 자동차에 비유하여 흥미로운 관점을 제시해, 이를 통해 자신을 더 깊이 이해할 수 있도록 돕는다. 사주팔자를 자동차라고 생각하면 복잡한 개념이 한결 쉽게 다가온다.

일주(日柱)는 내가 태어난 날의 기둥으로, 자동차의 종류, 즉 차종에 해당한다. 이것은 개인의 기본적인 성격과 삶의 방식, 인생의 전반적인 분위기를 결정한다. 어떤 사람은 험한 길도 거뜬히 달리는 튼튼한 SUV로 태어나고, 어떤 사람은 세련된 세단으로 태어나 도심 속에서 자신의 빛을 발한다.

년주(年柱)는 초년운을 의미하며, 차량 성능을 시험하는 테스트 단계와 같다. 시동을 걸어 보고, 브레이크를 밟아 보고, 핸들을 돌려보는 것처럼, 초년기는 다양한 경험을 통해 자신을 시험하는 시기다. 어린 시절 여러 가지를 시도해 본 아이들이 나중에 자신이 무엇을 좋아하고 잘하는지 명확히 알게 되는 이유가 바로 여기에 있다.

월주(月柱)는 청년기의 사회생활을 상징하며, 본격적으로 도로에 나서는 단계다. 이때부터는 신호 체계를 익히고 전체적인 교통 흐름에 적응해야 한다. 여기서는 내가 어떤 차를 타고 있는지가 매우 중요하다. 스포츠카를 타고 시골길만 달린다면 제 성능을 발휘하지 못해 답답할 것이고, 경운기를 타고 고속도로를 달리려 한다면 난감할 것이다. 상담을 요청했던 여성은 이 비유를 듣고 무릎을 치며, 자신의 상황이 마치 스포츠카가 좁은 주차장에 갇혀 있는 것 같다고 정확히 짚어냈다.

시주(時柱)는 말년운과 잠재력을 나타내며, 자동차의 첨단 기능에 비유할 수 있다. 이는 곧 크루즈 컨트롤이나 자율주행 기능처럼 인생의 후반부에 발현되는 특별한 능력이나 기술적 발전을 의미한다.

사주, 인생이라는 자동차의 첨단 기능과 특별 옵션

사주팔자는 자동차의 기본 차종뿐만 아니라, 나이가 들면서 경험과 지혜를 통해 발현되는 첨단 기능과 특별한 옵션까지도 보여준다. 인생의 후반부를 의미하는 시주(時柱)는 마치 자동차의 크루즈 컨트롤이나 자율주행 기능과 같다. 젊은 시절에는 직접 발로 가속 페달을 밟으며 길을 개척하지만, 나이가 들수록 우리는 직접적인 노력보다는 축적된 경험과 지혜, 그리고 관계망이라는 첨단 장비를 활용하여 목적지에 더 수월하게 도달하게 된다.

사주에는 이러한 일반적인 기능 외에 특별한 옵션이 장착되어 있기도 하다. 예를 들어, 사회적 활동과 환경을 의미하는 월지(月支)에 충(沖, 부딪혀 충돌하는 기운)이 있다면, 그 사람은 일반 도로용 차량이 아니라 비행기나 배처럼 이동 거리가 먼 운송 수단에 가까운 삶일 가능성이 크다. 이는 곧 해외 경험, 이주와 같은 큰 이동과 변화가 인생에 중요한 사건으로 들어온다는 것을 암시한다. 월지에 형(刑, 조정하고 제어하는 기운)이 있다면 응급환자를 이송하는 구급차나 사이렌을 울리며 달리는 경찰차 같은 특수 목적 차량에 비유할 수 있다. 이런 사주를 가진 사람들은 평온한 시기보다 위기 상황에서 오히려 자신의 진가를 발휘하며 더욱 빛난다. 반면 월지에 합(合, 서로 끌어당겨 협동하는 기운)이 있다면, 이는 근거리 이동이 반복되는 삶을 의미할 수 있다. 잦은 인간관계의 형성이나 단기적인 프로젝트의 반복이 삶에 활발하게 나타나는 것이다. 같은 사주를 가지고 태어나도 전혀 다른 삶을 사는 이유가 바로 이러한 개별적인 옵션의 차이에서 비롯된다.

대운, 당신이 달릴 인생의 도로

사주가 자동차라면, 10년 주기로 바뀌는 대운(大運)은 내가 달려가게 될 길의 상태를 뜻한다. 대운의 흐름은 단순히 좋다, 나쁘다로만 판단할 수 있는 것이 아니다. 핵심은 내가 가진 자동차와 지금 놓인 길이 서로 얼마나 잘 맞느냐에 있다. 아무리 뛰어난 스포츠카라도 비포장도로에 들어서면 제 힘을 쓰기 어렵고, 특수 차량은 그에 맞는 길에서 달릴 때 비로소 제값을 한다. 이처럼 차의 성능과 길의 조건이 맞지 않으면, 아무리 애써도 원하는 결과에 이르기 어렵다. 그럴 때는 무작정 속도를 내기보다, 잠시 멈추거나 방향을 바꾸는 선택이 오히려 현명하다. 조건이 잘 맞는 길을 만나면 마음껏 속도를 낼 수 있지만, 길이 험난하다면 잠시 멈춰 차를 정비하는 것이 오히려 안전한 주행법이다. 운은 계절이 바뀌듯, 우리가 달리는 길의 조건을 바꿔 놓는다.

몇 년 전, 10년간 성공적으로 사업을 키워오던 한 사업가가 찾아왔다. 그는 갑자기 모든 일이 꼬이기 시작했다며 어려움을 호소했다. 그의 사주를 살펴보니, 마침 대운이 바뀌는 시점이었다. 그가 타고난 차는 고성능 스포츠카였지만, 새롭게 들어선 길은 주유소가 없는 비포장 산길이었다. 나는 그에게 지금은 속도를 낼 때가 아니며, 연료를 보충할 수 없다면 길이 열릴 때를 기다려야 한다고 조언했다. 5년 후에 다시 고속도로에 오를 것이니, 그때까지는 차를 정비하고 연료를 채우는 시간으로 삼으라고 말했다.

운이 불리할 때 억지로 달리다가 사고를 낼 필요는 없다. 내비게이션이 “전방에 사고가 있으니 우회하십시오”라고 안내할 때, 잠시 돌아가는 것이 가장 현명한 길이다.

운전대는 결국 당신의 손에 있다

결국 사주와 대운은 인생이라는 차의 설명서이자 내비게이션일 뿐, 운전대를 쥔 주체는 바로 자기 자신이다. 사주를 참고하는 것은 자신의 가능성을 제한하는 행위가 아니다. 오히려 언제 달려야 하고 언제 멈춰야 할지를 알려 주어 더 안전하고 효율적인 주행을 돕는 도구다. 자신의 차종을 이해하고, 지금 달리고 있는 길의 상태를 파악하며, 가장 적절한 타이밍을 아는 것, 이 세 가지를 이해할 때 비로소 인생의 주행은 부드럽고 안전해진다. "그럼 제가 지금 선택해야 할 것은 무엇인가요?"라는 질문에 대한 답은 이미 나와 있다. 당신의 차종을 정확히 이해하고, 지금 달리고 있는 길이 어떤 길인지 명확히 파악하면, 나아가야 할 방향은 자연스럽게 드러난다. 우리는 끊임없이 선택의 기로에 서지만, 핸들을 쥔 손에 힘을 주고 당신만의 길을 선택하는 그 순간, 그 길은 이미 당신의 빛나는 인생으로 펼쳐지기 시작한다.

나를 둘러싼 다섯 명의 친구: 인성, 비겁, 식상, 재성, 관성

사주는 단순히 재물의 많고 적음만 알려주는 계산기가 아니라, 내가 세상과 관계를 맺는 다섯 가지 핵심적인 방식을 보여주는 지도와 같다. 그 다섯 가지 방식은 인성(印星), 비겁(比劫), 식상(食傷), 재성(財星), 관성(官星)이라는 다섯 명의 친구로 비유할 수 있다. 이들은 오행(五行, 세상을 이루는 다섯 가지 기운)의 흐름 속에서 서로에게 영향을 주고 받는다.

이 관계는 크게 두 가지로 나뉜다. 하나는 상생(相生)으로, 서로를 자연스럽게 이어주고 보충해 주는 관계다. 물이 나무를 키우고(水生木), 나무가 불을 지피며(木生火), 불이 타고 남은 재가 흙을 만드는(火生土) 흐름이 바로 그것이다. 다른 하나는 상극(相剋)으로, 서로를 제어하고 통제하는 관계를 말한다. 물이 불을 끄고(水剋火), 불이 쇠를 녹이며(火剋金), 쇠가 나무를 자르는(金剋木) 원리다. 만약 상생의 관계만 존재한다면 외형은 계속 커지지만 속은 텅 비어버리는 풍선처럼 실속이 없어진다. 반대로 상극의 관계만 있다면 모든 것이 칼날처럼 지나치게 예리해져서 작은 충격에도 쉽게 부러지고 만다. 따라서 상생과 상극이 균형있게 교차할 때, 우리는 비로소 상상하고 성장하며, 넘어지고 다시 일어서는 과정을 통해 단단하게 완성된다.

첫 번째 친구인 인성(印星)은 나를 성장시키고 보호하는 후원자와 같다. 인성은 부모, 스승, 지식처럼 나에게 끊임없이 영양분을 공급하는 모든 존재를 상징한다. 나무가 물을 흡수해야 자랄 수 있듯이, 사람 역시 배움과 돌봄 속에서 비로소 제대로 성장한다. 공부를 통해 지식을 쌓는 것, 자격증을 준비하는 과정, 책에서 얻는 깨달음, 멘토의 진심 어린 조언, 그리고 부모의 무조건적인 사랑이 모두 인성의 힘에서 비롯된다. 항상 무언가를 배우던 한 40대 중반 여성의 삶이 인성의 좋은 예다. 그녀는 요리, 외국어, 심리 상담 자격증을 섭렵했고, 60세가 넘어서 대학원에 진학하기까지 했다. 그녀는 새로운 것을 알게 될 때 살아

있음을 느낀다고 말했다. 이처럼 인성이 강한 사람은 늘 준비성이 철저하며, 자신이 배운 것을 기반으로 안정적인 삶을 꾸려나간다. 인성은 우리에게 '배움과 지원'이라는 소중한 선물을 주는 친구다.

두 번째 친구인 비겁(比劫)은 나와 어깨를 나란히 하는 동료이자 때로는 치열한 경쟁자인 쌍둥이 같은 존재다. 이 기운은 말 그대로 나와 동일한 힘을 의미하며, 내 옆에서 똑같이 움직이는 친구로 비유할 수 있다. 이 쌍둥이 같은 친구는 힘을 합치면 천하무적의 든든한 동료가 되지만, 같은 것을 탐내는 순간 서로를 해하는 원수가 되기도 한다. 비겁이 강한 사주를 가진 한 30대 남성이 있었다. 그는 유난히 친구가 많았고 어디를 가든 사람들이 잘 따랐지만, 이상하게도 동업은 번번이 실패로 끝났다. 이는 비겁의 양면성을 보여주는 사례로, 좋은 친구가 될 수는 있지만 같은 목표를 추구하는 파트너로서는 갈등을 빚기 쉽다. 이처럼 비겁은 '협력과 경쟁'이라는 양면성을 지닌 친구이다. 이 기운을 잘 다루면 세상에서 가장 든든한 내 편을 얻게 되지만, 그렇지 못하면 끝없는 비교와 다툼 속에서 고통받게 된다.

세 번째 친구인 식상(食傷)은 내가 가진 아이디어나 재능을 세상 밖으로 표출하는 창조적인 에너지다. 이는 내 속에 잠재한 모든 힘, 즉 창조의 기운을 의미한다. 머릿속 아이디어, 남다른 창의력, 숨겨진 재능이 글쓰기, 노래, 디자인, 발명과 같은 구체적인 형태로 세상에 뻗어나가는 과정이 모두 식상의 작용이다. 식상이 강했던 한 20대 여성 디자이너는 하루에 하나라도 무언가를 만들지 않으면 답답해서 견딜 수 없다고 말했다. 이처럼 식상이 발달한 사람은 표현력이 뛰어나며 말이

나 글, 예술, 창작 활동에서 특히 두각을 나타낸다. 식상은 '창조와 표현'을 담당하는 친구로서, 내가 가진 것을 세상에 꺼내 놓을 때 비로소 그 존재 가치가 살아난다.

네 번째 친구인 재성(財星)은 반드시 노력으로 극복해 얻어내야 하는 현실적인 결과물, 즉 재물을 상징한다. 재성은 결코 쉽게 주어지지 않으며, 반드시 정면으로 부딪혀 쟁취해야 하는 대상이다. 돈이 언제나 수고로움을 동반하는 이유가 바로 여기에 있다. 재성이 강한 한 40대 사업가는 숫자만 보면 어떻게 돈으로 만들 수 있을지 끊임없이 생각하게 된다고 했다. 이처럼 재성이 강한 사람은 돈에 대한 관심이 많고 경제적 성취를 중요한 목표로 삼는다. 그들은 투자, 사업, 비즈니스 분야에서 탁월한 능력을 발휘하지만, 재물에 대한 집착이 지나치면 오히려 돈 때문에 인간관계를 해칠 수도 있다. 재성은 우리에게 '돈과 소유'의 원리를 가르쳐주는 친구다.

다섯 번째 친구인 관성(官星)은 나를 통제하고 단련시키는 사회적 규율과 책임감을 의미한다. 시험, 규칙, 법, 명예, 책임과 같이 때로는 불편하고 부담스럽게 느껴지는 모든 것이 관성에 속한다. 하지만 이러한 통제와 압박의 과정을 거쳐야만 비로소 인간은 더욱 단단하게 성장할 수 있다. 관성이 강한 한 30대 공무원은 자신이 맡은 일은 끝까지 완수해야만 직성이 풀리며, 그렇지 않으면 밤에 잠을 이루지 못할 정도라고 했다. 이처럼 관성이 발달한 사람은 책임감이 강하고 규율을 잘 지키며, 사회적 지위와 명예를 중시한다. 관성은 우리에게 '부담과 명예'를 동시에 안겨 주는 친구로서, 힘든 과정을 통해 얻은 만큼 오랫동안 지킬 수 있는 견고한 자리를 만들어 준다.

사주는 결국 나와 세상이 맺는 다섯 가지 관계의 총체이며, 이 다섯 친구를 어떻게 만나고 다루느냐에 따라 삶의 모습은 전혀 다르게 그려진다. 인성은 나를 키워주는 후원자, 비겁은 나와 같은 쌍둥이, 식상은 내가 만들어낸 성과, 재성은 내가 얻은 돈, 그리고 관성은 나를 다듬는 시험이다. 18년 전, 스승은 나에게 책을 쓰게 될 것이라고 예언했고, 그 말은 마침내 내 삶에서 현실이 되었다. 책을 쓰겠다는 결심을 굳혔을 때, 인성이 속삭였다. "네가 쌓아온 지식과 경험을 정리해라." 원고가 막혀 펜이 멈출 때면, 비겁이 나타나 외쳤다. "실행이 완벽함보다 더 중요하다!" 밤을 새워 문장을 다듬을 때는 식상이 빛을 발했고, 출판 비용을 지불할 때는 재성이 등장했으며, 마감일을 맞추며 찾아온 책임의 무게감은 바로 관성의 작용이었다. 돌아보면 이 모든 과정은 결코 혼자만의 힘으로 이룬 것이 아니었다.

다섯 친구가 각기 다른 방식으로 나를 단련하고 이끌어주었기에, 나는 마침내 한 권의 책을 세상에 내놓을 수 있었다. 당신의 인생에도 이 다섯 친구가 함께하고 있다. 어떤 친구는 지금 바로 옆에 서 있고, 어떤 친구는 조금 멀리 떨어져 있을지도 모른다. 하지만 분명한 사실은, 그들 모두가 당신을 성장시키기 위해 존재한다는 것이다.

오행, 일상에 숨겨진 우주의 언어

우주적 원리로 여겨지는 오행(五行, 목木, 화火, 토土, 금金, 수水)은 사실 월요일부터 토요일까지 우리가 매일 부르는 요일의 이름 속에 깊숙이 스며들어 있다. 대부분의 사람들은 이를 인지하지 못하지만, 월요일은 달(月), 화요일은 불(火), 수요일은 물(水), 목요일은 나무(木), 금요일은 쇠(金), 토요일은 흙(土)의 기운을 담고 있다.

놀라운 점은 이러한 원리가 서양에서도 동일하게 발견된다는 사실이다. 영어로 화요일(Tuesday)은 화성(Mars)의 날, 수요일(Wednesday)은 수성(Mercury)의 날, 목요일(Thursday)은 목성(Jupiter)의 날, 금요일(Friday)은 금성(Venus)의 날, 토요일(Saturday)은 토성(Saturn)의 날에서 유래했다. 이 행성들의 이름은 각각 동양의 오행과 정확히 연결된다. 이는 동서양을 막론하고 고대의 인류가 모두 하늘의 움직임을 관찰하며 시간을 헤아렸다는 중요한 증거다.

오행, 세상을 이루는 다섯 가지 실체

고대의 인류는 밤하늘의 별을 관찰하며 그 움직임 속에서 심오한 규칙을 발견했고, 그것이 바로 오행(五行)의 원리다. 그들은 세상이 나무(木), 불(火), 흙(土), 쇠(金), 물(水)이라는 다섯 가지 성분으로 순환하며, 서로를 살리고 제어하는 과정을 통해 우주의 균형을 이룬다는 것을 깨달았다.

오행은 추상적인 상징이 아니라 우리 주변을 구성하는 구체적인 실체다. 지금 눈앞에 있는 화분은 나무의 기운을, 저 전등은 불의 기운을, 이 벽은 흙의 기운을 담고 있다. 내가 쓴 안경테는 쇠이며, 정수기에서 나오는 물은 수에 해당한다.

이처럼 우리 주변의 모든 것은 오행으로 이루어져 있으며, 나무는 생명력을, 불은 에너지를, 흙은 안정을, 쇠는 구조를, 물은 순환을 상징한다. 우리가 마시는 커피 한 잔에도 오행의 원리가 고스란히 담겨 있다. 물(水)로 내리고 불(火)로 끓였으며, 나무(木)의 열매인 원두를 금속(金) 머신으로 추출하여 흙(土)으로 빚은 컵에 담아 마시기 때문이다.

오행으로 읽는 다섯 가지 삶의 모습

오행은 저마다 고유한 성질을 지니고 있으며, 이는 각기 다른 인간의 기질로 발현된다. 나무는 위로 솟아오르는 성질을 지녔기에, 나무의 기운이 강한 사람은 끊임없이 성장하고 배우며 뻗어나가려는 욕구가 강하다. 그들은 가만히 있는 것을 답답하게 여기며 늘 새로운 도전을 갈망한다.

몇 년 전, 사주에 목(木) 기운이 가득했던 한 30대 남성이 찾아왔다. 그는 매일 똑같은 일을 반복하는 회사 생활이 너무 답답하다고 토로했다. 성장을 멈춘 나무가 시들듯, 그는 결국 회사에 다니면서 MBA 과정을 시작했고, 몸은 바빠졌지만 표정은 이전보다 훨씬 밝아졌다.

불은 위로 타오르는 성질을 지녀 빛나고 표현하며 세상에 자신의 흔적을 남기고자 한다. 이 기운이 강한 사람은 주목받지 못하면 마치 불이 꺼진 것처럼 느끼며 불안해한다. 화(火) 기운이 강했던 한 20대 여성은 SNS에 매일 무언가를 올리지 않으면 불안감을 느낀다고 했다.

빛나야만 존재 가치를 느끼는 불처럼, 그녀는 타인의 시선이 필요했던 것이다. 현재 그녀는 구독자 10만 명을 보유한 유튜버로 활발히 활동 중이다.

흙은 모든 것을 수용하고 품는 성질이 있어 관계를 중재하고 정리하는 역할을 한다. 흙의 기운이 강한 사람은 늘 주변 사람들을 연결하고 조율하며 공동체의 중심을 잡는다.

토(土) 기운이 강한 50대 여성의 사례가 이를 잘 보여 준다. 그녀는 남편과 자녀 사이의 갈등을 중재하고 집안의 중심을 잡는 역할을 하고 있었다. 품고 정리하며 중재하는 과정이 힘들지만, 그 역할이 없다면 오히려 불안감을 느낀다고 했다.

쇠는 단단하고 날카로운 성질을 바탕으로 원칙을 세우고 규칙을 만들며 체계적인 시스템을 구축하려 한다. 금(金)의 기운이 강한 사람은 무엇보다 정확성을 중요하게 추구한다. 금이 강한 40대 남성 엔지니어는 0.001mm의 오차도 용납하지 못한다고 말했다. 그에게 정확함은 선택이 아닌 필수였다.

물은 흐르는 성질 덕분에 막힌 곳을 돌아갈 줄 알고 높은 곳에서 낮은 곳으로 흐르며 모든 것을 적신다. 수(水)의 기운이 강한 사람은 유연한 사고와 뛰어난 직관력을 지닌다.

수(水) 기운이 많은 사주를 가진 30대 상담가는 사람의 마음이 눈에 보이는 것 같다고 했다. 논리적으로 설명할 수는 없지만 직관적으로 느껴진다는 것이다. 이처럼 물의 기운이 강한 사람은 타인의 감정을 읽는 데 탁월한 재능을 보인다.

상생과 상극, 균형을 위한 상호작용

오행은 결코 독립적으로 존재하지 않으며, 서로를 살리는 상생(相生) 관계와 제어하는 상극(相剋) 관계를 통해 끊임없이 상호작용하며 균형을 이룬다. 상생은 물이 나무를 키우고(수생목水生木), 나무가 불을 만들며(목생화木生火), 불이 흙을 생성하고(화생토火生土), 흙이 쇠를 품으며(토생금土生金), 쇠가 물을 맺는(금생수金生水) 순환의 관계다. 반면 상극은 물이 불을 끄고(수극화水剋火), 불이 쇠를 녹이며(화극금火剋金), 쇠가 나무를 자르고(금극목金剋木), 나무가 흙을 뚫으며(목극토木剋土), 흙이 물을 막는(토극수土剋水) 제어의 관계를 의미다.

상극을 부정적인 것으로 오해해서는 안 된다. 이는 균형을 위해 반드시 필요한 작용이다. 만약 나무가 제어 없이 자라기만 한다면 결국 집 천장을 뚫고 나갈 것이다. 이때 가지치기를 통해 성장을 조절하는 것이 바로 상극의 역할이다. 즉, 자르는 행위는 파괴가 아니라 균형을 잡기 위한 필수적인 과정인 것이다.

이러한 오행의 순환 원리는 우리의 하루 일과 속에도 자연스럽게 녹아들어 있다. 아침에 잠에서 깨어나는 시간은 성장과 배움을 상징하는 나무(木)의 시간이다. 이때 우리는 커피를 마시거나 신문을 읽으며 새로운 하루를 시작한다.

오전에는 회의와 발표 등 활발한 소통이 이루어지는 열정적인 불(火)의 시간이며, 점심 후에는 업무를 정리하고 중요한 결정을 내리는 흙(土)의 시간이 이어진다. 오후는 계획을 세우고 시스템을 구축하는 쇠(金)의 시간이며, 하루를 마무리하는 저녁은 휴식과 명상을 통해 재충전하는 물(水)의 시간이다. 이처럼 우리는 매일 오행의 기운을 활용하며 살아가고 있으며, 다만 그것을 의식하지 못했을 뿐이다.

이처럼 오행은 멀리 있는 추상적 개념이 아니라, 우리가 살아가는 방식 그 자체를 설명하는 자연의 언어다. 우리는 나무를 보며 성장을 배우고, 불을 보며 열정을 느끼며, 흙을 밟으며 중심을 찾고, 쇠를 다루며 원칙을 세우고, 물을 마시며 순환의 이치를 깨닫는다.

사주명리학은 바로 이 살아 있는 방식을 체계적인 언어로 풀어냈다. 따라서 사주는 단순히 운명을 점치는 도구를 넘어, 인간과 자연이 소통하는 하나의 방식이라고 할 수 있다. 우리 모두는 오행 속에서 살아가고 있으며, 단지 그것을 읽어낼 수 있느냐 없느냐의 차이가 있을 뿐이다. 결국 오행을 이해한다는 것은 세상과 나의 관계를 깊이 있게 이해하는 첫걸음이 된다.

사주는 철학서가 아닌 공감의 언어다

사주명리학은 옳고 그름을 판단하는 이분법이 아니라, 삶의 다양한 양면을 이해하고 공감하는 학문이다. 깊이 있는 이해는 우리의 삶을 더욱 풍요롭게 만들어준다. 이를 잘 보여 주는 인물이 바로 소설 《노인과 바다》의 주인공 산티아고다. 그는 84일 동안 물고기를 잡지 못했지만 결코 포기하지 않았다.

그의 사주에는 관성(官星, 책임감과 원칙을 중시하는 기운)과 인성(印星, 내면의 힘과 수용성을 나타내는 기운)이 강하게 자리 잡고 있었을 것이다. "인간은 패배하도록 만들어지지 않았다"라는 그의 선언은 책임감의 발현이며, 운명과 맞서며 자신을 단련하는 과정은 내면의 힘을 증명한다. 그가 혹독한 외로움을 견딜 수 있었던 것은 타인에게 공감받았기 때문이 아니라, 스스로를 깊이 이해한 인간이었기 때문이다.

한 30대 초반의 여성이 상담실을 찾아왔다. 인터넷에서 자신의 사주를 보고 식상(食傷, 자신을 표현하고 창조하는 기운)이 과다하면 문제가 많다는 글을 읽고 걱정이 가득한 얼굴이었다. 그녀는 자신의 사주에 식상이 너무 많다며 그것이 나쁜 것인지 물었다. 나는 왜 나쁘다고 생각하는지 되물었고, 그녀는 무엇이든 너무 많으면 균형이 깨진 것이라

들었다고 답했다. 그녀에게 표현하는 것을 좋아하는지 묻자, 블로그와 유튜브를 운영하며 친구들에게 무언가 알려주는 것을 좋아한다고 했다.

나는 식상이 그녀를 힘들게 하는지 다시 물었고, 그녀는 오히려 그것이 가장 행복한 순간이라고 답했다. 그제야 그녀는 무엇이 문제인지 잠시 말을 잇지 못했다.

사주는 철학서가 아니다. 철학은 옳고 그름을 나누려 하지만, 사주는 세상의 다름을 이해하려 한다. 또한 철학이 인간의 이성을 탐구한다면, 사주는 인간의 감정을 따뜻하게 포용한다.

사주는 당신이 왜 그렇게 느끼는지를 설명해 주는 감정의 지도와 같다. 당신의 사주에 많은 식상은 문제가 아니라, 당신이 세상과 소통하는 고유한 방식인 것이다. 그것이 당신을 행복하게 만든다면, 그것이야말로 당신의 삶에 가장 올바른 답이다.

문학 작품으로 이해하는 사주의 원리

문학 속 인물들의 선택과 고뇌를 사주명리학의 관점으로 분석하면, 오행과 육친(六親)의 원리를 더욱 생생하게 이해할 수 있다. 그들의 눈빛과 고독, 그리고 열정 속에도 오행과 육친의 상호작용이 살아 숨 쉬고 있기 때문이다.

《젊은 베르테르의 슬픔》의 베르테르는 식상과 재성(財星, 현실적 욕망과 소유를 상징하는 기운)이 불균형한 인물이다. 표현의 기운인 식상이 강했던 그는 자신의 감정을 가두지 못하고 모든 것을 글로 쏟아냈다. 그의 사랑과 고통은 모두 예술이 되었지만, 현실적 욕망과 소유를 의미하는 재성은 끝내 그를 품어주지 않았다. 결국 그는 사랑과 소유 사이에서 균형을 잃고 식상이라는 감정의 바다에서 길을 잃었다. 감정은 유려하게 흐르면 예술이 되지만, 한곳에 고이면 깊은 절망이 된다.

《동의보감》의 허준은 인성과 식상이 조화롭게 빛나는 사람이다. 인성은 배움과 보호를, 식상은 창조와 베풂을 의미한다. 그는 질병의 원인을 단순히 육체적 문제로 국한하지 않고, 환자의 마음과 환경, 습관, 그리고 기운의 불균형 속에서 그 근원을 읽어냈다. 그는 치유에 앞서 이해를 먼저 택했다. 환자의 삶 전체를 공감하지 않고서는 병의 뿌리를 볼 수 없다고 믿었기 때문이다. 인성이 배움의 뿌리라면 식상은 나눔의 가지이며, 허준은 이 두 기운을 연결하여 위대한 치유의 나무를 세웠다.

《어린 왕자》는 비겁(比劫, 나와 같은 기운이자 연대의 에너지)의 상징과도 같다. 그는 혼자 여행하지만 결코 외롭지 않다. 그가 만나는 꽃, 여우, 별, 그리고 조종사는 모두 그의 또 다른 자아이다. "중요한 것은 눈에 보이지 않아"라는 그의 유명한 말은 나와 너의 경계를 허물고, '우리'라는 관계를 통해 나를 이해하게 만드는 비겁의 본질을 꿰뚫고 있다.

《빨간 머리 앤》의 앤은 인성과 식상이 풍부하게 결합된 상상력의 화신이다. 그녀는 세상의 어두운 구석에서도 기어이 빛을 찾아낸다. 인성은 그녀의 깊은 감수성과 배움의 자세로 나타나고, 식상은 그녀의 뛰어난 언변과 표현력으로 발현된다. 눈물과 웃음이 모두 많은 그녀는 마음의 온도가 높고 감정의 진폭이 넓다. 앤은 그 뜨거운 감정을 글과 말로 풀어내며 세상과 자신을 아름답게 연결한다.

《허클베리 핀의 모험》의 허클베리 핀은 전형적인 비겁형 인간이다. 그는 우정과 의리를 삶의 가장 중요한 나침반으로 삼고, 자기 정체성을 찾아 길을 떠난다. 그에게 자유는 단순한 선택이 아니라 존재의 방식 그 자체이다. 허클베리 핀이 추구하는 자유는 이기적인 독립이 아니라, 친구와 함께 떠나는 연대의 자유이다. 이처럼 비겁은 자아를 우정이라는 관계를 통해 증명한다.

《마시멜로 이야기》의 주인공 아서는 재성형 인간의 특성을 잘 보여준다. 재성은 물질, 계획, 수익, 그리고 절제를 관장하는 기운이다. 그는 눈앞의 즉각적인 욕망을 참아내고 더 큰 미래 가치를 바라본다. 시간을 자산으로 바꾸기 위해 인내하고 절제하는 그의 행동은 단순한 참음이 아니라 치밀한 전략이다. 아서의 성공은 욕망을 버린 결과가 아니라, 욕망을 현명하게 설계한 결과물인 것이다.

3

관계와 사주

관계의 불균형을 경고하는 사주

중국 고전의 '과유불급(過猶不及)'이라는 말처럼, 어떤 기운이든 지나치면 장점이 단점으로 변질되어 관계의 불균형을 초래한다. 이 말은 단순히 지식이나 재물에만 국한되지 않고, 인간관계의 에너지에도 그대로 적용된다. 사주에서 오행 중 어느 한 기운이 지나치게 강하면, 그 기운이 지닌 긍정적 성격은 과잉으로 변해 오히려 문제를 일으킨다.

한 40대 중반의 여성이 답답한 표정으로 상담실에 들어왔다. 결혼한 지 15년이 되었는데, 남편과의 갈등이 갈수록 깊어진다고 토로했다. 그녀는 남편이 언제나 일에만 몰두하며 집에 와서도 회사 생각만 하고,

주말에는 골프를 치며 거래처 사람들을 만나는 등 가족에게 소홀하다고 말했다.

나는 그녀와 남편의 사주를 나란히 펼쳐 보았다. 그녀의 사주에는 표현의 기운인 식상이 강했고, 남편의 사주에는 책임의 기운인 관성이 강하게 자리 잡고 있었다.

나는 그녀에게 설명했다. "부인은 감정을 말로 나누고 대화를 통해 관계를 확인하고 싶어 하는 사람이다. 반면 남편은 책임감으로 살아가는 사람으로, 말보다 행동으로 보여주고 가족을 위해 헌신적으로 일하는 것이 곧 사랑의 표현이라고 생각한다." 그녀는 놀라며 되물었다. "그럼 저희는 서로 다른 언어를 쓰고 있었던 거군요." 나는 고개를 끄덕였다.

사주는 결국 사람과 사람 사이의 관계에 대한 이야기이다. 인생의 방향을 결정하는 것은 결국 '누구와 함께하느냐'의 문제이며, 돈보다 관계가 앞서고 성공보다 신뢰가 깊으며, 운보다 인연이 더 오래간다. 비겁이 과하면 관계가 과열되고, 식상이 넘치면 감정의 홍수에 빠지며, 재성이 많으면 물질에 잠식되고, 인성이 많으면 생각의 감옥에 갇히고, 관성이 많으면 규칙에 짓눌린다. 이처럼 사람 사이의 모든 문제는 결국 에너지의 불균형에서 시작된다.

몇 년 전, 비겁(比劫, 나와 같은 기운으로 협력과 경쟁의 에너지)이 유난히 강한 사주를 가진 30대 남성이 찾아왔다. 그는 친구가 무척 많고 어딜 가든 사람들이 잘 따른다고 했다.

그는 동업을 세 번이나 시도했지만 모두 실패했고, 가장 친했던 친구와는 원수가 되었다고 털어놓았다. 비겁이 많은 사람은 관계 속에서 자신을 증명하려 하기에 친구도 많지만 경쟁자도 많다. 비겁의 기운이 지나치게 강하면 타인의 영역을 쉽게 침범하고, 끊임없는 비교 속에서 자존감의 흔들림을 겪기 쉽다. 나는 그에게 동업 대신 사람과 사람을 연결해 주는 중개 역할을 하라고 조언했다. 그는 결국 헤드헌팅 회사로 이직했고, 지금은 업계에서 상당한 명성을 얻은 인물이 되었다.

식상(食傷, 표현과 창조의 기운)이 넘치는 사주를 가진 20대 후반의 여성도 있었다. 그녀는 말 그대로 아이디어 뱅크였지만, 주변 사람들은 그녀를 피곤해했다. 친구가 고민을 털어놓으면 해결책을 쉴 새 없이 쏟아냈고, 상대는 그저 자신의 이야기를 들어주길 바랐을 뿐이라며 서운해했다.

식상이 과하면 표현이 간섭이 되고 열정이 피곤함으로 변질된다. 감정선이 예민하여 배려보다 주도가 앞서기에, 최선을 다한 행동이 타인에게는 '오지랖'으로 비치기 쉽다. 나는 그녀에게 그 넘치는 에너지를 기획자나 마케터, 작가와 같은 직업으로 만들라고 조언했다. 그녀의 오지랖이 직업이 되면 인생의 가장 빛나는 능력이 될 것이라고 말해 주었다. 그녀는 결국 광고 기획사로 이직하여 현재는 여러 상을 받은 크리에이티브 디렉터로 활약하고 있다.

50대 초반의 한 사업가는 재성(財星, 물질과 계획, 수익의 기운)이 무척 강한 사주를 가지고 있었다. 그는 사업이 될지 안 될지를 직관적으로 파악하는 탁월한 안목을 지녔다. 그는 자신이 투자했던 사업은 거의 다 성공했다고 말했다. "근데요…."

재성(財星, 결과를 만들어 내는 힘)이 과한 사람은 숫자에는 밝지만, 감정을 읽는 데는 서툴러 가족의 웃음보다 계좌의 잔고를 먼저 확인하는 경향을 보인다. 그는 아내가 이혼을 요구하고 아이들마저 자신과 친하지 않다고 말하는 현실에 괴로워했다.

이유를 묻자, 그는 자신이 언제나 돈 이야기만 했기 때문이라고 털어놓았다. 가족 여행에서는 숙소 가격을 따지고, 아이들 생일에는 케이크값을 계산하는 식이었다. 재성이 지나치게 발달하면 이처럼 모든 것을 수치와 결과로 판단하려는 집착이 생기기 쉽다. 나는 그에게 일주일에 하루는 지갑 없이 외출하고, 가족과 나들이를 갈 때는 아내에게 카드를 맡겨 가격 이야기를 하지 말라고 조언했다. 6개월 후 다시 찾아온 그의 표정은 한결 부드러워져 있었다.

인성(印星, 받아들이고 배우는 힘)이 지나치게 강하면 생각이 행동을 앞질러 실천으로 나아가지 못하는 문제를 겪는다. 30대 후반의 한 여성은 학사, 석사, 박사 학위를 모두 취득하고 자격증만 15개를 가지고 있었지만, 정작 무엇을 해야 할지 몰라 방황하고 있었다. 인성이 과하면 생각이 너무 많아지고, 과도한 배려로 기회를 놓치며, 지나친 망설임으로 자신의 의지를 잃어버리게 된다. 이론에는 강하지만 실전에는 약한 것이다. 나는 그녀에게 완벽하게 준비되지 않았더라도 지금 아는 것만으로 강의를 시작하라고 권했다. 떨리는 목소리로 첫 강의를 시작했던 그녀는 이제 사람들을 편안하게 이끄는 안정감 있는 강사가 되었다.

관성(官星, 책임과 질서의 힘)이 너무 강하면 타인의 기준과 명예에 갇혀 스스로를 억압하게 된다. 회사에서 임원으로 일하던 40대 중반의 남성은 무거운 책임감에 숨이 막힌다고 호소했다. 그는 회사 실적부터 부하 직원의 경력까지 모든 것을 자신이 책임져야 한다는 압박감에 시달리고 있었다.

관성이 강한 사람은 목표를 세우고 성실히 나아가는 장점이 있지만, 책임감이 지나치면 자유를 잃고 만다. 나는 그에게 한 달에 하루는 모든 책임을 내려놓고 휴대폰을 끈 채 아무도 찾을 수 없는 곳으로 떠나라고 조언했다. 그는 매달 하루씩 산을 찾았고, 그 하루가 나머지 29일을 버티게 하는 힘이 되었다.

상담을 통해 만난 이들의 이야기는 결국 에너지의 불균형에 대한 것이었다. 나는 처음 찾아왔던 그 부인에게 다시 설명했다. "부인은 대화로 사랑을 느끼고, 남편은 책임으로 사랑을 표현한다. 둘 다 틀린 것이 아니라 단지 다를 뿐이다."

그녀가 어떻게 해야 할지 묻자, 나는 남편에게 솔직한 마음을 전하라고 말했다. "당신이 우리를 위해 열심히 일한다는 것을 알지만, 나는 당신의 목소리가 듣고 싶다. 하루 10분만이라도 나와 대화해 줄 수 있는가?" 이렇게 말이다.

사주는 결국 나를 중심으로 세상을 이해하는 언어이다. 누구는 너무 많이 표현하고, 누구는 너무 깊이 생각하며, 누구는 너무 많이 주고, 누구는 너무 철저히 지키고, 누구는 너무 심하게 비교한다.

이 모든 '너무'는 잘못된 것이 아니라, 단지 균형이 필요한 에너지일 뿐이다. 사주는 "너는 왜 그러는가?"라고 묻지 않고, "너의 기운이 지금 어디로 쏠려 있는가?"라고 묻는다. 사람 사이의 갈등은 성격 차이에서 비롯되는 것이 아니라, 기운의 과잉과 결핍이 만들어내는 파도와 같다. 그 파도를 이해할 때, 비로소 우리는 서로를 오해하지 않고, 나와 너 사이에 튼튼한 다리를 놓을 수 있다.

모든 관계의 조화, 궁합

좋은 사람을 만나면 닫혀 있던 마음의 문이 자연스럽게 열리듯, 모든 관계에는 서로를 끌어당기는 보이지 않는 결, 즉 궁합이 존재한다. 마치 오랜 벗처럼 처음 만났음에도 낯설지 않은 따뜻함이 스며드는 인연이 있다. 그런 관계는 특별한 이유가 필요 없이 마음이 먼저 알아보고 눈빛이 먼저 미소를 건넨다.

결혼을 앞둔 30대 초반의 한 커플이 궁합이 걱정된다며 함께 찾아왔다. 남자는 조용히 혼자 있는 것을 좋아했지만, 여자는 사람 만나는 것을 즐기고 매주 모임에 참석하며 친구들을 집으로 초대하는 등 활동적이었다. 남자는 솔직히 피곤하다고 했고, 여자는 집에만 있는 남자가 답답하다고 말했다. 나는 그들에게 물었다. "그래서 결혼하면 안 될 것 같으신가?" 두 사람은 서로를 바라보며 입을 모았다. "그런데 이상하게 헤어지고 싶지는 않아요."

사람 사이에는 언제나 보이지 않는 결이 있다. 어떤 사람과는 대화가 물 흐르듯 풀리지만, 다른 사람과는 한마디 나누는 것조차 돌덩이처럼 무겁게 느껴질 때가 있다. 이는 단순한 성격 차이를 넘어, 서로의 기운이 맞닿거나 어긋나는 순간이기 때문이다.

나는 두 사람의 사주를 펼쳐 보았다. 남자는 인성이 강했고, 여자는 비겁이 강했다. 나는 단호하게 말했다. "당신들은 좋은 궁합이다." 그들은 서로 다른 성향 때문에 의아해했지만, 나는 설명했다. "그래서 좋은 것이다. 궁합은 비슷함이 아니라 어울림이기 때문이다." 많은 사람들이 궁합을 오해하고 있다.

에너지 유형별 보완 관계

흔히 비슷한 사람끼리 잘 맞을 것이라 생각하지만, 진정한 조화는 서로 다른 기운이 만나 부족한 부분을 채워줄 때 완성된다. "같아서" 편안한 관계보다 서로 "달라서" 조화로운 관계가 더 오래 지속된다. 뜨거운 기운을 가진 사람 곁에는 시원한 그늘이 필요하고, 차가운 기운을 가진 사람에게는 따뜻한 온기가 필요한 법이다.

비겁(比劫, 주체성과 동료를 상징하는 힘)이 강한 사람은 타인과의 관계 속에서 자신을 찾지만, 때로는 자신의 목소리를 잃어버리기 쉬워 이를 표현하도록 돕는 식상(食傷)형의 동반자가 필요하다. 몇 년 전 찾아왔던 한 40대 여성은 비겁이 유난히 강한 사주를 가지고 있었다.

그녀는 혼자 있으면 불안하고 친구들과 함께 있어야 마음이 편하다고 고백했다. 하지만 최근에는 친구들의 고민을 들어주고 모임을 주선하며 관계를 조율하는 과정에서 정작 자신이 무엇을 원하는지 알 수 없게 되어 힘들어했다.

비겁이 강한 사람은 혼자 있을 때보다 무리 속에서 더 큰 힘을 얻지만, 나와 우리의 경계가 흐려지면 타인의 감정에 휩쓸려 자신의 목소리를 잃기 쉽다. 나는 그녀에게 자신의 생각을 밖으로 꺼내도록 도와주는 식상형 사람이 필요하다고 조언했다. 그녀는 코칭을 받기 시작했고, 1년 후 훨씬 밝아진 표정으로 다시 찾아왔다. 이처럼 비겁에게는 자신의 감정을 언어로 명확하게 바꾸어 줄 식상형 동반자가 큰 힘이 된다.

식상(食傷, 표현하고 창조하는 힘)이 넘치는 사람은 아이디어가 풍부하지만, 이를 현실로 완성하는 데 어려움을 겪어 재성(財星)형의 파트너가 필요하다. 20대 후반의 한 남성은 하루에도 수십 개의 아이디어가 떠오르지만, 새로운 생각이 계속해서 샘솟는 탓에 어느 것 하나 제대로 완성하지 못하는 문제를 안고 있었다. 식상은 마음의 붓과 같아서 세상을 보고 느낀 것을 자유롭게 표현하는 능력이 뛰어나다.

그러나 붓질이 지나치면 현실 감각이 흐려지기 쉽다. 상상과 열정은 넘치지만, 감정의 불길 또한 쉽게 번지는 것이다. 나는 그에게 아이디어를 현실로 바꾸어 줄 재성형 사람이 곁에 있어야 한다고 조언했다. 그는 결국 한 스타트업에서 재성이 강한 기획자와 팀을 이루었고, 현재는 성공적인 앱을 만들어냈다. 식상이 예술가라면, 재성은 그 예술을 세상에 내놓는 제작자이다.

재성(財星, 결과를 만들어내는 힘)이 강한 사람은 수치와 구조로 세상을 읽지만, 그 과정에서 사람 사이의 온기를 놓치기 쉬워 관성(官星)형의 조력자가 필요하다. 50대의 한 사업가였던 그는 모든 것을 혼자 결정하는 성향을 가지고 있었다. 그는 자신의 사업을 가장 중요하게 여겼지만, 직원들은 회사에 체계적인 규칙이 없다며 불평을 쏟아냈다.

재성이 강한 사람은 숫자를 통해 세상을 이해하지만, 숫자는 사실 따뜻할 수 없다는 문제를 간과하기 쉽다. 나는 그에게 회사를 체계적으로 만들 질서를 부여해 줄 관성형 인물이 필요하다고 말했다. 그는 결국 최고운영책임자(COO)를 영입했고, 회사는 훨씬 안정적인 궤도에 오를 수 있었다. 재성은 구조를 세우고, 관성은 그 구조에 질서를 부여하는 역할을 한다.

관성(官星, 책임과 질서의 힘)이 지나치게 강하면 원칙에 갇혀 융통성을 잃기 쉬우므로, 지혜로운 해법을 제시하는 인성(印星)형의 멘토가 필요하다. 40대 공무원이었던 그는 원칙에 매우 철저한 사람이었다. 그는 규칙대로 일을 처리하는 것이 옳다고 믿었지만, 주변 사람들은 그를 융통성 없는 사람이라고 평가했다. 관성이 강한 사람은 마땅히 해야 할 일을 삶의 중심에 두지만, 원칙이라는 척추가 너무 꼿꼿하면 부러지기 쉽고, 너무 단단하면 유연하게 움직이지 못한다.

나는 그에게 "규정은 그렇지만, 이 상황에서는 어떻게 하는 것이 더 나을까요?"라고 질문을 던져줄 인성형 인물을 찾아보라고 조언했다. 그는 결국 자신에게 맞는 멘토를 찾았고, 원칙과 융통성 사이의 균형점을 배우게 되었다. 관성이 뼈대 있는 구조를 세운다면, 인성은 그 구조에 지혜의 창을 내는 역할을 한다.

인성(印星, 받아들이고 배우는 힘)이 너무 강하면 생각이 행동을 앞질러 실천을 두려워하며, 용기를 북돋워 줄 비겁(比劫)형의 친구가 필요하다. 평생 학문에만 매진해 온 30대 후반의 한 교수는 15편의 논문을 썼음에도 여전히 스스로가 부족하다고 느꼈다.

그녀는 회의에 참석하거나 중요한 결정을 내리는 것을 두려워하며 승진의 기회마저 놓치고 있었다. 인성은 생각의 깊이를 더하지만, 그 깊이가 지나치면 움직이는 것을 두려워하게 된다. 결국 조심성이 기회를 늦추는 것이다. 나는 그녀에게 "일단 해보자"라고 말해 줄 비겁형 친구가 필요하다고 말했다. 그녀는 그 친구의 도움으로 학과장 직책에 지원했고, 떨리는 마음으로 시작한 행정 업무가 의외로 자신에게 잘 맞는다는 사실을 발견했다. 인성이 생각을 짓는 건축가라면, 비겁은 그 생각을 향해 첫발을 내딛는 행동가이다.

진정한 궁합의 의미: 확장을 이끄는 공명

좋은 궁합이란 서로 닮은 사람을 만나는 것이 아니라, 각자에게 없는 것을 채워주며 서로를 확장시키는 관계를 의미한다. 나는 이전에 찾아왔던 커플에게 궁합이 좋다는 것은 닮았다는 의미가 아니라, 서로에게 없는 것을 채워주는 관계라고 설명했다. 그들이 서로 다른 점이 문제가 아니냐고 되묻자, 나는 그것이 문제가 아니라 선물이라고 답했다. 남자는 여자를 통해 세상 밖으로 나갈 용기를 얻고, 여자는 남자를 통해 자신을 돌아볼 시간을 얻게 되기 때문이다.

그 말을 듣자 여자는 남자의 손을 잡으며, 그와 함께 있으면 자신이 차분해지는 시간이 이제는 좋다고 말했다. 남자 또한 여자 친구의 친구들과 어울리는 것이 피곤하면서도, 덕분에 집에만 있던 자신이 밖으로 나가게 되었다고 웃으며 화답했다. 나는 그들에게 결혼하라고 권하며, 두 사람은 서로를 확장시키는 관계라고 강조했다. 좋은 궁합은 상대를 바꾸려는 설득이 아니라, 나 자신을 넓혀 주는 공명이기 때문이다. 두 사람은 서로를 바라보며 환하게 웃었다. 결국 궁합이란 나와 닮은 사람이 아니라, 나와 함께 나아갈 수 있는 사람을 만나는 것이다.

진정한 궁합의 의미: 운명이 아닌 조율의 기술

진정한 인연이란 단순히 말이 통하는 상대를 넘어, 함께 있을 때 마음이 고요해지는 사람을 의미하며, 좋은 궁합은 정해진 운명이 아니라 서로의 리듬을 맞추어 가는 기술이다.

빛과 색이 만나 하나의 풍경을 만들듯, 두 사람의 마음이 만나 비로소 한 장의 인생을 완성하는 것이다. 궁합의 본질은 닮음에 있는 것이 아니라 서로의 고유한 리듬에 귀를 기울이는 과정에 있다. 이러한 이해에 도달할 때, 우리는 비로소 진짜 인연을 만날 수 있다.

궁합은 운명적인 끌림 이전에, 각자의 무의식적인 기준을 통과한 상대에게만 궁금해지는 "심리적 서류전형"의 결과물이다. 우리는 관계 앞에서 "이 사람에게는 무언가 끌린다" 혹은 "나와 잘 맞을 것 같다"와 같은 묘한 직감을 느끼곤 한다. 그러나 이러한 끌림이 궁합에 대한 궁금증으로 이어지기까지는, 보이지 않는 과정이 존재한다.

30대 초반의 한 여성이 스마트폰에 저장된 생년월일을 보여주며 상담을 요청했다. 그녀는 일주일 전 소개팅에서 만난 남성의 첫인상이 괜찮았고, 괜한 시간 낭비를 피하고 싶어 궁합을 보러 왔다고 말했다. 나는 그녀에게 이미 서류전형을 통과한 셈이다.

만약 그 사람에게 아무런 관심이 없었다면 생년월일을 물어보지도 않았을 것이기 때문이다. 상대의 생년월일을 물었다는 것 자체가 이미 마음이 움직였다는 명백한 증거이다. 마치 회사에 입사하기 위해 서류전형을 통과해야 하듯, 관계 역시 각자의 심리적 기준을 통과해야만 관심이라는 싹이 튼다.

이 기준은 사람마다 달라서 누군가는 경제력을, 다른 누군가는 감정 표현 방식을, 또 어떤 이는 가치관의 일치를 중요하게 본다. 따라서 사주명리학적으로 궁합이 아무리 좋아도, 현실에서 설정한 최소한의 기준을 충족하지 못하면 마음의 문은 열리지 않는다. 특히 자기 관리에 정성과 노력을 기울이는 사람일수록 시간, 돈, 감정의 낭비를 경계하기에, 궁합을 통해 "이 관계가 과연 나에게 의미가 있을까?"를 미리 점검하려는 경향이 있다.

관계를 시작하는 두 가지 이유: 결핍과 윤기

모든 인연은 나의 부족함을 채워주는 '결핍'의 보완이거나, 나의 고유한 가치를 더욱 빛나게 하는 '윤기'의 추가라는 두 가지 형태로 나타난다. 두 사람의 사주를 살펴본 후, 나는 그녀에게 그 사람을 만나고 싶은 근본적인 이유를 물었다. 그녀는 주변 친구들이 모두 결혼해 혼자 남은 것 같은 외로움 때문이라고 답했다. 그러나 그 사람이 아니어도 괜찮으냐는 질문에는 망설였다.

이내 그녀는 남성의 가장 좋았던 점으로 자신의 이야기를 끝까지 들어주고 반응해 주는 경청의 자세를 꼽았다. 어떤 인연은 나의 부족한 부분을 채워준다. 그는 내가 가진 상처 위에 온기를 덧입히고 굳게 닫힌 문을 열어주는 존재와 같다. 이처럼 결핍을 채우는 사랑은 마치 구원처럼 느껴지지만, 자칫하면 건강하지 못한 의존 관계로 흐를 위험이 있다.

반면, 어떤 인연은 현재 부족함이 없는 상태에서 윤기와 광택을 더해

준다. 그는 내 안에 잠재된 빛을 더욱 밝게 닦아내 나라는 존재를 한층 더 깊이 있고 고급스럽게 빛어준다. 이러한 관계는 서로에게 기대거나 구속하지 않으며 독립적인 성장을 돕는다.

나를 아는 첫걸음: 신강과 신약의 이해

궁합을 제대로 이해하기 위해서는 먼저 자기 자신을 알아야 하며, 그 출발점은 사주에서 개인의 중심 에너지 강도를 나타내는 신강(身强)과 신약(身弱)을 구분하는 것이다. 나는 그녀가 신강(身强, 자신을 중심으로 에너지가 강한 상태)한 사주라고 설명했다.

신강 사주는 개인의 중심이 단단하다는 의미로, 외부의 기운에 쉽게 휘둘리지 않고 오히려 주변을 자신의 방식대로 이끌어 가는 힘을 가진다. 그녀 역시 평소 자신의 속도대로 사는 것을 좋아한다며 고개를 끄덕였다. 그러나 신강한 사람은 때로 "세상이 나를 따라와야 한다"라고 믿을 만큼 자기 확신이 강하다. 반면, 그녀가 만난 남성은 신약(身弱, 외부 환경에 에너지를 맞추는 상태)한 사주였다.

신약한 사람은 섬세하고 감응력이 뛰어나 상대의 감정과 상황에 민감하게 반응하며, 전체적인 조화를 위해 스스로를 맞추는 성향을 보인다. 그녀는 그제야 그가 왜 자신의 이야기를 그토록 잘 들어주었는지 이해할 수 있었다.

힘의 균형: 신강과 신약 관계의 조율

궁합의 핵심은 힘의 균형을 맞추는 기술이며, 한쪽의 에너지가 강하다면 다른 한쪽이 유연하게 반응해야 건강한 관계가 유지될 수 있다. 몇 년 전 이와 유사한 사례가 있었다. 신강한 여성과 신약한 남성이 연애를 시작했는데, 초반에는 모든 것을 맞춰주는 남자 친구 덕분에 관계가 아주 순조로워 보였다.

하지만 1년 후 다시 찾아온 그녀는 남자 친구가 "너와 함께 있으면 편하지만, 내가 어떤 사람인지 모르겠다"라며 우울감을 보인다고 털어놓았다. 신약한 사람은 처음에는 상대에게 맞춰주는 것에서 기쁨을 느끼지만, 시간이 흐를수록 점차 자신을 잃어버린 듯한 감정을 느끼게 된다. 결국 궁합이란 힘의 균형을 맞추는 것이며, 관계가 한쪽으로만 지나치게 기울면 흔들릴 수밖에 없다.

따라서 나는 그녀에게 관계의 균형을 위해 조금 더 유연해질 필요가 있다고 조언했다. 상대방의 의견을 먼저 묻고, 그가 하고 싶은 것을 함께 따라가 주는 노력이 필요하다는 것이다. 궁합이 좋다는 것은 자동으로 모든 것이 잘 맞는다는 의미가 아니라, 서로의 다름을 이해하고 균형을 맞추어 가는 기술을 익혔다는 뜻이다.

나는 그녀의 사주에서 부족한 오행(五行, 고대 동양 철학에서 우주 만물을 이루는 다섯 가지 기본 요소)이 불(火)이라는 점을 짚어주며, 따뜻하고 밝은 에너지를 가진 사람이 필요하다고 덧붙였다. 다행히 그녀가 만난 남성은 따뜻한 온기를 가진 사람이었다.

궁합의 완성: 결핍의 보완과 상호 성장

좋은 궁합이란 나의 결핍을 채워주거나 고유한 가치를 더해주는 상대를 알아보는 통찰이며, 이는 상대를 알기 전에 나 자신을 먼저 이해하는 것에서 출발한다. 과거에 연애마다 실패를 거듭하던 한 40대 남성이 있었다. 그는 늘 비슷한 유형의 여성을 만났고, 시간이 지나면 상대방이 자신을 답답하게 여긴다는 고민을 토로했다.

그의 사주를 살펴보니 흙의 기운을 의미하는 토(土)가 과도하게 많았다. 흙은 안정적이고 계획적인 성향을 부여하지만, 너무 많으면 고집스럽고 정체된 기운으로 작용한다. 나는 그에게 바람과 같은 목(木)의 기운이 필요하다고 설명했다. 나무가 단단한 흙을 뚫고 자라나듯, 그의 안정적인 계획을 때로는 흔들어 줄 수 있는 자유로운 사람이 필요하다는 의미였다.

그는 결국 자유로운 성향의 여성을 만났고, 몇 년 후 훨씬 행복해진 모습으로 다시 찾아왔다. 그는 계획 없이 사는 삶이 이전보다 더 큰 행복을 준다는 사실을 깨달았다고 말했다. 이처럼 궁합은 정해진 답을 맞히는 것이 아니라, 서로의 기운을 읽고 해석하는 과정이다.

궁합은 관계의 가능성을 열어주는 지도일 뿐, 행복을 보장하는 증표는 아니기에 지속적인 노력이 있어야 한다. 나는 처음 상담을 왔던 여성에게 이 점을 강조하며, 상대방을 만나도 좋지만 궁합이 좋다는 사실에 안주해서는 안 된다고 조언했다.

궁합은 가능성이지 보장이 아니기 때문이다. 그로부터 6개월 후, 그녀에게서 결혼 날짜를 잡았다는 기쁜 소식이 전해졌다. 그녀는 이제야 궁합이 무엇인지 진정으로 알 것 같다며, 그것은 결국 서로에게 맞추어 가는 과정이었다고 말했다. 궁합의 궁극적인 목적은 단순히 잘 맞는 상대를 찾는 것이 아니라, 관계를 통해 나 자신이 더 성숙한 존재로 성장해 나가는 데 있다.

이처럼 궁합은 나 자신을 아는 것에서 시작된다. 나의 강점과 약점, 고유한 기운과 리듬을 정확히 이해할 때, 궁합은 더 이상 풀 수 없는 수수께끼가 아닌, 삶을 함께 그려나갈 동반자 관계의 소중한 언어가 된다. 좋은 궁합은 하늘이 정해주는 운명이 아니라, 두 사람이 서로를 이해하고 존중하며 함께 만들어가는 예술과 같다.

궁합분석 도구 활용법: SFTI
- 오행으로 나를 읽고, 기운으로 삶을 설계하다

SFTI(Saju Five-Elements Type Indicator)는 복잡한 사주 명리학의 원리를 MBTI처럼 네 가지 지표로 단순화하여, 자신의 본질적인 기운을 쉽게 파악하도록 돕는 분석 도구이다.

사주 명리학은 일간(日干), 월령(月令), 육친(六親), 십성(十星) 등 낯선 용어들로 가득해 많은 사람들이 어렵게 느낀다. 20대 후반의 한 여성이 답답한 표정으로 이런 용어들이 너무 복잡하다며, MBTI처럼 간단하게 자신을 이해할 수 있는 방법은 없는지 물었다.

나는 사주를 MBTI처럼 간편하게 분석할 수 있도록 고안된 SFTI라는 도구가 있다고 설명했다. 사람은 각자 고유한 리듬으로 살아간다. 어떤 이는 새싹처럼 빠르게 성장하고, 누군가는 불꽃처럼 뜨겁게 타오르며, 또 다른 이는 흙처럼 묵직하게 자신의 자리를 지킨다. SFTI는 이러한 삶의 리듬을 다섯 가지 에너지 축으로 단순화하여, 복잡하게만 느껴지는 사주의 숲에서 자신만의 길을 찾을 수 있도록 안내한다. SFTI는 '사주 오행 유형 지표(Saju Five-Elements Type Indicator)'의 약자이다.

SFTI의 기본이 되는 오행(五行)은 각기 다른 에너지와 특성을 상징하며, 개인의 기질을 이해하는 핵심 열쇠가 된다. 오행은 목(木), 화(火), 토(土), 금(金), 수(水)의 다섯 가지로 구성된다.

목(木)은 코드 T(Tree)로 표현되며, 초록색의 이미지처럼 성장, 창의, 확장의 에너지를 상징한다. 화(火)는 코드 F(Fire)로, 빨간색처럼 열정, 표현, 추진력을 의미한다. 토(土)는 코드 E(Earth)이며, 노란색과 같이 안정, 신뢰, 균형의 기운을 나타낸다.

금(金)은 코드 M(Metal)으로, 흰색이 상징하듯 명확한 판단, 질서, 원칙을 중시한다. 마지막으로 수(水)는 코드 W(Water)이며, 검은색처럼 깊은 지혜, 유연한 흐름, 풍부한 감성을 대표한다.

이처럼 오행의 개념을 색상과 키워드로 연결하면, 복잡한 사주의 원리를 훨씬 직관적으로 이해할 수 있다. SFTI는 개인의 본질(S), 환경

(F), 재능(T), 보완점(I)이라는 네 가지 지표를 통해 자신을 입체적으로 분석한다. 첫 번째 지표 S(Spirit)는 개인이 태어난 날의 오행으로, 그 사람의 변치 않는 본질을 나타낸다.

상담을 요청한 여성의 S는 F(Fire)로, 그녀의 본질은 불이며 핵심 키워드는 열정, 표현, 추진력이라고 할 수 있다. 그녀는 자신이 성격이 급하고 표현하는 것을 좋아한다며 즉시 수긍했다. 두 번째 지표 F(Field)는 태어난 계절을 의미하며, 개인이 성장해 온 환경과 그로 인해 형성된 기질을 보여준다. 그녀의 F는 S(Spring)로, 봄에 태어난 불의 기운을 가졌다. 아직 추위가 가시지 않은 봄의 불은 더 강렬하게 타오르려는 속성이 있기에, 그녀가 항상 에너지가 넘치고 무언가를 끊임없이 하고 싶어 하는 성향을 지닌 것이다.

나머지 두 지표인 재능(T)과 보완점(I)은 개인이 가진 강점과 앞으로 나아가야 할 방향을 제시한다. 세 번째 지표 T(Talent)는 사주 전체에서 가장 많은 오행을 분석하여 타고난 재능과 강점을 파악하는 것이다. 그녀의 사주에는 불을 의미하는 F가 두 개나 있어, 표현하고 사람들 앞에 서는 것을 자연스럽게 여기는 재능을 지녔다. 그녀 역시 발표하는 것을 좋아한다며 자신의 강점을 확인했다. 마지막 네 번째 지표 I(Improvement)는 개인에게 부족하거나 필요한 오행을 찾아내어 삶의 균형을 맞출 수 있도록 돕는다. 그녀에게는 W(Water), 즉 물의 기운이 필요했다.

불이 너무 강하면 스스로 타서 소멸될 수 있기에, 물의 기운으로 적절히 식혀주어야 한다. 이는 그녀가 넘치는 에너지를 주체하지 못해 때

때로 번아웃을 겪는 이유를 설명하며, 의식적인 휴식과 재충전의 시간이 반드시 필요하다는 것을 의미한다. 그녀는 이 설명에 깊이 공감했다.

SFTI를 통한 삶의 문제 해결 사례

SFTI는 개인의 기질적 특성을 명확히 보여줌으로써, 막연했던 삶의 문제에 대한 구체적인 해결 방향을 제시한다. 몇 년 전, 과도한 스트레스에 시달리던 30대 남성 엔지니어의 사례가 있다.

그는 업무 능력은 뛰어나지만 대인 관계에서 큰 어려움을 겪는다고 토로했다. 그의 SFTI 유형은 MAMF였다. 그의 본질(S)과 가장 강한 기운(T)이 모두 M(金)이었는데, 금속을 의미하는 M의 키워드는 판단, 질서, 명확함이다. 그는 스스로를 완벽주의자라고 인정했으며, 이는 사주에 M의 기운이 강해 나타나는 정확하고 논리적인 성향 때문이었다. 하지만 문제는 금속의 기운이 너무 강해 감정 표현이 부족하고 차갑게 보인다는 점이었다.

나는 그에게 부족한 기운(I)인 F(火), 즉 불의 에너지가 필요하다고 조언했다. 빨간색으로 상징되는 불은 열정과 표현을 의미하므로, 의식적으로 감정을 표현하는 연습이 필요했다. 그로부터 6개월 후, 그는 감정을 표현하기 시작하자 신기하게도 팀 분위기가 눈에 띄게 좋아졌다고 전해왔다.

자신의 기운을 이해하고 부족한 부분을 채우려는 노력은 인생의 방향을 긍정적으로 전환시키는 계기가 된다. 사업 부진으로 고민하던 40대 여성 자영업자의 경우도 마찬가지다.

그녀의 SFTI 유형은 WSWE로, W(水), 즉 물의 기운이 유독 강했다. 검은색으로 표현되는 물은 끊임없이 흐르는 성질이 있어 한곳에 오래 머물기 어렵다. 그녀 역시 카페, 옷 가게 등 여러 업종을 시도하며 한 가지 일에 집중하지 못했다고 털어놓았다. 그녀에게 필요한 것은 E(土), 즉 노란색 흙의 기운이었다. 흙이 물을 가두어 안정시키듯, 한 가지 일에 최소 3년간은 집중해야 할 필요가 있었다. 그녀는 이 조언에 따라 운영하던 꽃집에만 전념했고, 3년 후 그 가게는 지역에서 알아주는 명소가 되었다.

자신의 강점을 정확히 아는 것은 진로를 설정하고 전문성을 키우는 데 결정적인 역할을 한다. 진로 문제로 깊은 고민에 빠져 있던 20대 남성의 사례도 기억에 남는다. 그는 하고 싶은 것이 너무 많아 무엇을 선택해야 할지 혼란스러워했다. 그의 SFTI는 TSTF로, T(木)의 기운이 매우 강했다. 초록색으로 상징되는 나무는 성장, 창의, 확장을 키워드로 삼는다.

T 기운이 강한 사람은 끊임없이 배우고 새로운 것을 시도하려는 욕구가 강하다. 그는 실제로 작년에만 자격증을 다섯 개나 취득했다고 말했다. 하지만 문제는 여러 분야에 관심을 두느라 한 가지를 깊게 파고들지 못한다는 점이었다. 나무가 높이 자라려면 땅속 깊이 뿌리를 내려야 하듯, 그에게는 하나의 분야에 집중하는 과정이 필요했다. 그는 결국 한 분야를 선택해 집중하고 있다. 시간이 쌓이면 뿌리는 튼튼해질

것이다.

삶의 계절을 읽는 나침반, 대운

SFTI는 개인이 타고난 기질뿐 아니라, 10년을 주기로 변화하는 대운(大運)을 살펴보는 데에도 활용된다. 앞으로 무엇이 펼쳐질지를 단정하기보다, 방향과 리듬을 가늠해 보는 하나의 지도에 가깝다. 처음 SFTI 상담을 받았던 한 여성도 자신의 '앞날'이 궁금하다고 했다. SFTI를 통해 10년마다 바뀌는 삶의 기운, 즉 대운을 함께 읽어 내려가며 그녀의 흐름을 정리해 보았다. 인생에도 계절이 있듯, 시기마다 놓이는 환경과 과제는 조금씩 달라진다.

그녀가 머물고 있던 시기는 검은색 W(水)의 대운이었다. 물의 시기는 빠르게 움직이기보다 지혜와 감성을 축적하는 시간으로, 외부 확장보다는 혼자만의 성찰과 내면 정리가 중요한 흐름이다. 그녀는 최근 유난히 혼자 있는 시간이 필요하다고 느꼈다며 고개를 끄덕였다.

표를 따라 다음 흐름을 살펴보니, 약 5년 후에는 노란색 E(土)의 시기가 다가오고 있었다.

흙의 시기는 안정과 정착을 상징한다. 관계, 생활 기반, 삶의 구조를 차분히 다져가는 시기다. 결혼이나 주거 계획처럼 현실적인 선택들이 자연스럽게 떠오르는 때이기도 하다.

그녀는 마침 그즈음 결혼을 계획하고 있다며, 흐름이 겹친다는 사실이 흥미롭다고 했다.

SFTI는 사주 명리학을 어렵지 않게 풀어낸 도구이지만, 그 진짜 가치는 '얼마나 맞느냐'보다 '어떻게 활용하느냐'에 있다. 자신의 본질(S)을 이해하고, 놓인 환경(F)을 객관적으로 바라보며, 타고난 강점(T)은 의식적으로 살리고, 부족한 요소(I)는 조금씩 보완해 가는 과정에서 SFTI는 의미를 가진다. SFTI는 사주를 하나의 공식처럼 정리한 구조다. 중심 기운으로 나의 기본 성향을 읽고, 환경 기운으로 삶의 무대를 파악하며, 강하게 작용하는 오행을 통해 반복되는 패턴과 장점을 발견하고, 지금 필요한 오행을 통해 성장의 방향을 가늠한다.

표를 참고해 자신의 유형과 색을 하나씩 대입해 보다 보면, 익숙하다고 여겼던 나를 새로운 시선으로 바라보는 재미를 느낄지도 모른다.

코드	오행(五行)	색상(色相)	키워드(Keyword)
T	목(木)	초록색	성장, 창의, 확장
F	화(火)	빨간색	열정, 표현, 추진
E	토(土)	노란색	안정, 신뢰, 균형
M	금(金)	흰색	판단, 질서, 명확
W	수(水)	검은색	지혜, 흐름, 감성

4

감정과 선택이 녹아든 운명

다섯 친구 성향 테스트

"선생님, 제 사주를 알려면 생년월일이 필요하잖아요. 근데 그거 없이도 제가 어떤 사람인지 알 수 있는 방법 없어요?"

20대 후반 남성이 물었다. 친구들끼리 모여서 사주 얘기를 하고 싶은데 생년월일을 물어보기가 부담스럽다고 했다.

"있어요, 간단한 테스트로요." "테스트요?" "네, 다섯 가지 질문만 하면 돼요. 지금 당신 안에서 어떤 기운이 가장 강한지 알 수 있어요."

비겁, 식상, 재성, 관성, 인성. 다섯 기운은 언제나 우리 안에서 서로 다른 방식으로 움직인다. 이 중 지금의 나를 가장 강하게 이끄는 핵심 에너지를 찾아보는 것이 바로 다섯 친구 성향 테스트다.

질문 1. 요즘 나를 가장 움직이게 하는 한마디는?

- A. "내가 직접 해볼게."
- B. "이건 이렇게 하면 더 흥미롭지 않을까?"
- C. "결국, 이걸로 수익이 나야지."
- D. "약속했으면 끝까지 지켜야지."
- E. "조금 더 이해하고 결정하자."

질문 2. 주말에 당신은 뭘 해요?

- A. 개인 프로젝트를 기획한다.
- B. 즉흥 여행 또는 콘텐츠 제작에 몰두한다.
- C. 재테크 공부나 실속 있는 소비를 즐긴다.
- D. 일정 정리 및 주간 계획 수립에 집중한다.
- E. 독서, 전시회 관람, 명상으로 내면을 정돈한다.

질문 3. 대화할 때 당신은 어떤 패턴이에요?

- A. "그건 내 생각엔 말이지…." (주도권을 잡는다)
- B. "그럼 이렇게 해보면 어때요?" (아이디어를 제시한다)
- C. "그거 하면 효율은 괜찮을까?" (결과를 분석한다)
- D. "그건 규칙에 어긋나." (기준을 제시한다)
- E. "왜 그렇게 느꼈을까?" (감정의 근원을 탐색한다)

질문 4. 목표를 세울 때 당신은 어떤 방식이에요?

- A. "내 길은 내가 만든다." (독립적 추진형)
- B. "일단 시작해 보자!" (즉흥 실행형)
- C. "수익이 나는 방향으로." (실속 중심형)
- D. "계획에 따라 차근차근." (체계적 책임형)
- E. "지식이 쌓이면 길이 열린다." (성장 중심형)

질문 5. 요즘 당신 마음속을 지배하는 생각은?

- A. "지금이 바로 내 타이밍이다."
- B. "세상은 무대, 나는 연출자다."
- C. "경제적 자유가 진짜 자유다."
- D. "명예와 성취가 나의 증명이다."
- E. "배움이 곧 나의 성장이다."

유형	A(비겁)	B(식상)	C(재성)	D(관성)	E(인성)
선택 개수					

A형 - 비겁형(독립 추진 타입) "내 인생은 내가 주인공이다."

자기 주도성이 강하고 독립적이다. 강점은 주체성, 실행력, 자기 확신. 주의할 점은 타인과의 협업 어려움, 경쟁심 과다. 보완: 인성(E)으로 타인 이해력 강화.

B형 - 식상형(창조 표현 타입) "인생은 무대, 나는 창조자다." 감정 표현과 창의적 발상이 뛰어난 활동가형. 강점은 창의성, 커뮤니케이션, 유머 감각. 주의할 점은 감정 기복, 마무리 집중력 약함. 보완: 관성(D)으로 루틴과 완성도 향상.

C형 - 재성형(실속 현실 타입) "실속 없는 일엔 의미가 없다." 현실적이고 결과 중심적인 실리형. 강점은 재무 감각, 책임감, 현실 판단력. 주의할 점은 이익 중심 사고로 관계 소홀. 보완: 식상(B)으로 여유와 즐거움 보충.

D형 - 관성형(질서 책임 타입) "목표는 끝까지, 신뢰는 책임으로." 질서와 원칙을 중시하며 체계적 실행력이 돋보임. 강점은 성실함, 리더십, 목표 지향성. 주의할 점은 완벽주의로 스트레스 과잉. 보완: 비겁(A)으로 자기 확신과 주체성 강화.

E형 - 인성형(배움 성장 타입) "배움은 곧 성장의 다른 이름이다." 깊은 사고력과 통찰로 세상을 이해하는 탐구자형. 강점은 사유, 분석, 공감, 학습 능력. 주의할 점은 현실 회피나 실행 지연. 보완: 식상(B)으로 외부 표현력과 실천력 증진.

A~E 골고루 - 균형형. 모든 오행이 조화롭게 분포된 사람. 융통성, 공감력, 상황 판단력이 뛰어나지만 방향성 결여, 우유부단함이 약점.

보완: 비겁(A)으로 주체성 강화, 재성(C)으로 실행력 확보.

처음 찾아왔던 남성은 B를 네 번 선택했다. "당신은 완전한 식상형이에요. 창의적인 일을 하면 좋지만, 완성도를 높이는 연습도 같이 해야 해요."

40대 남성은 C를 네 번 선택했다. "재성형이시네요. 재무 감각이 뛰어나지만 가족들이 돈 얘기만 한다고 하지 않나요?" "맞아요…." "그럼 식상을 보완하면 돼요. 여유와 즐거움의 에너지를요."

50대 여성은 모두 D를 선택했다. "완벽한 관성형이시네요. 약속은 무조건 지키지만 요즘 너무 힘들지 않나요?" "맞아요…." "그럼 비겁을 보완하면 돼요. 남의 기준이 아니라 내 기준으로 사는 연습을요."

30대 후반 남성은 E를 네 번 선택했다. "인성형이시네요. 평생 공부만 했지만 계획만 세우고 실천을 못 하지 않나요?" "완전 맞아요…." "그럼 식상을 보완하면 돼요. 외부 표현력과 실천력을요."

이 테스트는 생년월일 없이도 할 수 있는 간단한 도구다. 친구들끼리 모여서 해도 좋고, 혼자 조용히 해봐도 좋다. 중요한 건 지금 내 안에서 어떤 기운이 가장 강하게 작동하고 있는지를 아는 것이다.

당신도 한번 해보라. 다섯 가지 질문에 답하면서 당신 안의 다섯 친구를 만나보라. 그러면 당신은 비로소 당신이 어떤 사람인지, 무엇이 필요한지, 어디로 가야 하는지 알게 될 것이다.

선택이 운명을 바꾸는 순간

어린 시절 채워지지 못한 사랑의 결핍은 평생에 걸쳐 관계의 왜곡을 낳는다. 50대 중반의 한 여성이 상담실을 찾아와 원망과 분노가 뒤섞인 목소리로 물었다. 그녀는 자신이 겪는 모든 불행이 부당한 손해라고 느끼고 있었지만, 그것은 손해가 아닌 당연한 책임의 문제였다. 그러나 이성보다 감정이 앞서는 사람은 늘 "왜 나만 겪어야 하는가"라는 자기 연민의 틀에 갇히기 쉽다. 그녀는 상담실 문을 열자마자 억눌렸던 감정을 쏟아냈다. 가족 모두가 자신을 미워하며, 이러한 소외감은 어린 시절부터 계속되었다고 토로했다.

그녀의 사주(四柱, 사람이 태어난 연월일시를 바탕으로 운명을 풀이하는 동양 철학)를 살펴보니, 타인에게 받는 사랑과 인정을 상징하는 인성(印星)이 약하고 주체성과 경쟁심을 의미하는 비겁(比劫)이 강한 형태였다. 이는 어린 시절 충분한 사랑을 받지 못한 상처가 평생의 발목을 잡는 운명적 구조를 암시했다.

허세가 부른 잘못된 선택

사랑은 인간이 세상을 배우는 첫 번째 언어이며, 이 언어를 제대로 배우지 못한 사람은 모든 관계가 낯설고 불안정하다. 부모의 사랑을 받지 못하면 원초적 경쟁자인 형제들 사이에서도 밀려나기 마련이고, 그렇게 쌓인 외로움은 성장 과정에서 깊은 자격지심으로 굳어져 세상이 자신을 미워한다는 왜곡된 믿음으로 이어진다.

인정받고자 하는 왜곡된 욕망은 경쟁심으로 변질되어 비이성적인 선택을 초래했다. 몇 년 전 어머니가 편찮으셨을 때, 다른 형제들은 모두 바쁘다는 핑계로 책임을 회피했다.

오직 그녀만이 시간이 있었고, 매일 병원을 오가며 식사를 챙기는 등 지극정성으로 어머니를 돌보았다. 힘든 시간이었지만, 그녀는 이번 기회를 통해 자신이 형제들보다 낫다는 것을 증명하고 싶었다. 어린 시절 자신을 냉대했던 어머니에게 정성을 다하는 모습을 보여줌으로써 자신의 가치를 인정받고 싶었던 것이다. 그러나 그 정성은 순수한 사랑이 아닌 경쟁심의 발로였으며, 자존심으로 포장된 효도는 결국 또 다른 감정의 폭풍을 몰고 왔다.

그녀가 아무리 애를 써도 어머니는 고맙다는 말 한마디 없이, 가끔 들르는 아들을 향해서만 "우리 아들이 효자다"라고 칭찬했다. 속상함을 넘어선 분노가 그녀를 잠식했다. 결국 그녀 안에 쌓인 분노는 다른 방향으로 표출되었다. 그녀는 형제들에게 뒤처지지 않기 위해 중고 외제차를 구매했다. 좋은 차를 타면 자신도 인정받을 수 있을 것이라는 허황된 믿음 때문이었다.

그녀의 사주는 결과와 재물을 의미하는 재성(財星)은 강하지만, 규칙과 명예를 상징하는 관성(官星)은 약한 구조였다. 이는 허세로 인해 큰 어려움에 처할 수 있는 운의 흐름을 보여주고 있었다. 사랑받고 싶은 마음이 변질되어 생긴 분노의 틈을 메우기 위해 선택한 허세는, 결국 그녀의 이성을 완전히 삼켜버렸다.

결국 책임감을 외면한 선택은 피할 수 없는 현실적인 문제로 되돌아왔다. 차량 유지비, 특히 비싼 보험료가 부담스러웠던 그녀는 결국 무보험 상태로 운전하는 위험한 결정을 내렸다. 단 한두 달만 버텨 보려 했지만, 어느 날 어머니를 모시고 병원으로 가던 중, 결국 교통사고가 나고 말았다.

상대방 운전자는 그녀가 무보험이라는 사실을 알게 되자 합의금으로 5천만 원이라는 거액을 요구했다. 그녀에게는 그만한 돈이 없었다. 이미 차를 구매하느라 모든 돈을 소진했기 때문이다.

살다 보면 누구나 자신을 객관적으로 비춰줄 거울이 필요하고, 어디로 가야 할지 막막할 때 길을 안내할 나침반이 필요하다. 그 나침반이 없을 때 인간은 순간의 분노와 서운함 같은 감정에 이끌려 잘못된 길로 들어서게 된다.

감정은 마치 불씨와 같고 이성은 흙과 같다. 감정을 적절히 다스릴 때 삶은 따스한 온기를 얻지만, 감정이 불길처럼 일어나 모두 태워버리면 결국 차가운 재만 남는다. 정약용은 《목민심서》에서 "마음이 편안하지 않으면 사물의 이치를 제대로 볼 수 없다"라고 말했다. 분노는 눈을 가리고, 탐욕은 귀를 막아 올바른 판단을 불가능하게 만들기 때문이다.

위기의 순간, 감정적 손해 인식을 넘어 이성으로 책임을 마주하는 자세를 취하는 것이 문제 해결의 시작이다. 나는 그녀에게 감정보다 상황을, 느낌보다 이성적인 판단을 앞세워야 할 때임을 조심스럽게 설명했다. 그리고 솔직하게 말했다. 이번 일은 명백히 그녀의 잘못이며, 무보험 운전은 어떤 변명도 통할 수 없는 불법 행위임을 분명히 했다. 그녀의 얼굴이 딱딱하게 굳어졌다. 감정이 앞설수록 판단은 흐려지고, 욕심이 커질수록 시야는 좁아지는 법이다.

나는 합의는 진심 어린 사과에서 시작된다고 조언하며, 차를 팔아서라도 반드시 합의할 것을 권했다. 지금 당장은 손해처럼 느껴지겠지만, 그 손해를 감수하는 것이 결국 자신을 구원하는 길이라고 설득했다. 그녀는 한동안 침묵하더니, 이내 다시 눈물을 흘리며 물었다.

"왜 저만 이렇게 힘들어야 해요? 왜 저만 손해를 봐야 해요?"

나는 단호하게 대답했다. "그것은 손해가 아니라 책임입니다." 그러나 그녀는 끝내 내 말을 듣지 않았다. 합의를 거부하고 재판을 선택했고, 상대방 역시 감정이 상해 형사고소까지 진행하면서 그녀는 결국 법정에 서게 되었다. 감정에 휩쓸린 잘못된 판단은 결국 그녀로 하여금 더 큰 손실과 고통이라는 값비싼 대가를 치르게 했다.

몇 달 후, 그녀에게서 연락이 왔다. 형사재판이 열리게 되었다며, 여전히 세상이 자신을 미워하는 것 같다고 한탄했다. 그녀는 자신의 문제를 세상의 탓으로 돌리고 있었다. 이처럼 감정이 이성을 지배할 때, 운은 언제나 불리한 방향으로 흐르게 된다. 그로부터 1년 후, 그녀가 다시 상담실을 찾아왔다. 이전보다 훨씬 지치고 수척해진 모습이었다.

그녀는 마침내 차를 팔아 합의를 마쳤다고 털어놓았다. 그러면서 1년 전 내 조언을 따랐어야 했다고 후회했다. 그때 합의했다면 5천만 원으로 끝났을 일이, 변호사 비용과 늘어난 합의금까지 더해져 총 8천만 원이라는 더 큰 대가로 이어졌기 때문이다. 그녀의 지친 표정은 감정적 선택이 남긴 값비싼 책임의 무게를 고스란히 보여주고 있었다.

자신을 향한 미움의 발견

모든 문제의 근원은 외부 세계가 아닌 자기 자신에게 있었음을 깨닫는 순간, 비로소 진정한 변화가 시작된다. 오랜 시간 분노와 원망에 휩싸여 있던 그녀는 마침내 자신의 진짜 감정을 마주했다. 그녀는 세상을 미워한 것이 아니라, 사랑받지 못했던 어린 시절의 자신을 스스로 미워하고 있었음을 깨달았다.

감정이 앞서면 이성적인 판단이 흐려진다는 단순한 진리를, 값비싼 대가를 치르고 나서야 온전히 이해하게 된 것이다. 그녀는 앞으로 어떻게 살아야 할지 물었고, 그 질문은 더 이상 남을 향한 원망이 아닌 자신을 향한 성찰의 시작이었다.

감정은 억지로 부정해야 할 대상이 아니다. 다만 중요한 선택의 순간에는 반드시 이성의 목소리에 귀를 기울여야 한다. 감정은 뜨거운 불씨라면, 이성은 그것을 품는 흙이다.

흙이 불을 온전히 다스릴 때 삶은 비로소 따뜻한 온기를 얻고 안정된다. 이 말을 들은 그녀의 얼굴에 처음으로 희미하고 평온한 미소가 번졌다.

운명을 바꾸는 선택의 순간

운명의 갈림길에서 감정의 속삭임보다 이성의 목소리에 귀를 기울이는 작은 선택이 인생의 방향을 결정한다. 때로는 무작정 나아가는 것보다 잠시 멈추는 것이 더 큰 지혜가 된다. 현실을 똑바로 보기 어려울 만큼 마음이 혼란스러울 때는 잠시 발걸음을 멈추고 기다려야 한다.

짙은 안개가 시간이 지나면 저절로 걷히듯, 마음속의 거친 소용돌이도 결국에는 잦아들기 마련이다. 이때의 기다림은 회피나 도망이 아니라, 평정을 되찾고 올바른 길을 찾기 위한 적극적인 회복의 시간이다.

누구에게나 선택이 운명을 바꾸는 결정적인 순간이 찾아온다. 그 순간 우리는 격렬한 감정과 차가운 이성 사이에서 하나를 골라야 한다. 감정은 빠르고 강렬하게 우리를 이끌지만 멀리 내다보지 못하는 맹점을 지닌다. 반면 이성은 느리고 차갑게 느껴지지만, 우리가 길을 잃지 않도록 방향을 제시하는 나침반이 되어준다. 만약 지금 인생의 갈림길에 서 있다면, 감정의 목소리가 아무리 크게 울려도 잠시 숨을 고르고 이성의 목소리에 귀를 기울여야 한다. 바로 그 작은 선택 하나가 당신의 운명 전체를 바꿀 수 있다.

AI 시대에도 운명을 묻는 인간

사주명리학(四柱命理學, 태어난 연월일시를 바탕으로 개인의 운명과 길흉화복을 예측하는 학문)의 핵심은 타고난 기운의 좋고 나쁨이 아니라, 각자에게 필요한 균형점을 찾아 조율하는 데 있다. 어떤 사람은 자신의 불씨를 더욱 키워야 하고, 어떤 사람은 그 불을 식혀야 하며, 또 다른 누군가는 그 온기를 타인과 나누어야 한다. 이처럼 같은 불의 기운을 타고났더라도 각자에게 필요한 처방은 정반대일 수 있으며, 이것이 바로 사주가 지닌 묘미다.

시차 때문인지 다소 피곤한 기색을 띤 20대 초반 여성이 화상 상담을 요청했다. 미국에서 대학 졸업을 앞둔 그녀는 한 번에 여러 질문을 쏟아냈다. 취업과 대학원 진학 사이의 고민, 남자 친구와의 관계와 결혼 시기, 그리고 어머니와 거리를 두는 것이 좋다는 조언의 의미까지, 그녀의 마음은 마치 폭발 직전의 압력솥처럼 복잡한 고민들로 가득 차 있었다.

지나치게 뜨거운 기운을 가진 사람은 속도를 늦추고 외부의 조언을 구함으로써 내면의 균형을 찾아야 한다. 그녀의 사주는 임오(壬午), 병오(丙午), 기유(己酉), 신미(辛未)로 이루어진 구조였다. 이는 마치 한여

름의 뜨거운 불길 위에 서 있는 한 줌의 흙과 같은 형상이었다.

사방이 뜨거운 불에 둘러싸여 모든 기운이 양(陽)에 치우쳐 있었기에, 온도가 높고 속도가 매우 빠른 특성을 지닌 명식(命式, 사주팔자를 나타내는 식)이었다. 이러한 사주를 가진 사람은 늘 모든 것을 빨리 결정하고 싶어 하지만, 그 결정이 과연 옳은지에 대한 후회 역시 빠르게 찾아온다.

그녀의 고민은 단순히 진로 선택의 문제가 아니었다. 그것은 불처럼 뜨거운 열정과 흙처럼 굳건한 책임감이 내면에서 충돌하며 발생하는 문제였다.

모든 결정의 순간마다 깊이 있는 성찰보다는 즉각적인 속도가 이겨버리는 패턴이 반복되고 있었다. 이러한 사주는 혼자 모든 것을 결정하기보다 신뢰할 수 있는 멘토나 조언자와 함께할 때 비로소 빛을 발한다. 따라서 취업이든 대학원 진학이든, 믿을 수 있는 선배나 교수와 충분히 상의한 뒤 결정하는 것이 현명하다.

결혼 문제 역시 마찬가지였다. 그녀의 사주는 청춘기의 뜨거운 감정으로 만난 인연보다, 시간이 흘러 감정의 온도가 낮아지고 삶의 중심이 잡혔을 때 만나는 인연을 통해 진정한 평화를 얻을 수 있는 구조였다. 지금의 그녀는 너무 뜨거웠고, 남자 친구와 잦은 다툼을 벌이는 이유 역시 그녀의 성급함 때문이었다.

약 5년 정도의 시간이 흐르면 그녀는 훨씬 차분해지고 안정될 것이었다. 어머니와의 관계 또한 불의 기운이 중첩된 구조라 서로의 강한 뜻이 부딪히기 쉬웠다. 함께 있으면 다투고 멀어지면 그리워지는 관계

이므로, 물리적으로 떨어져 지내되 마음의 연결을 놓지 않는 것이 최선의 방법이었다. 그녀에게 필요한 것은 뜨거운 불을 식혀줄 차가운 물이 아니라, 스스로를 돌아볼 수 있는 한숨의 여백, 즉 삶의 속도를 늦추는 연습이었다.

며칠 후, 40대 초반의 한 남성이 상담실을 찾아왔다. 요리사였다. 그는 타파스 전문점을 운영하다가 서울에 큰 매장을 열었지만 결국 문을 닫게 되었다며, 담담하면서도 절망적인 표정으로 자신의 실패담을 털어놓기 시작했다.

그의 사주를 펼쳐보니 토(土)가 강한 구조였다. 땅의 기운을 타고난 사람들은 맛을 내고 미각이 발달하며 손끝이 섬세하고, 자신만의 노하우를 겹겹이 쌓아가는 과정 자체에서 깊은 즐거움을 느낀다. 그는 전형적인 토의 사람이었다.

처음 시작한 가게는 20평 규모의 작은 공간이었다. 화려한 토핑과 살아 숨 쉬는 디테일로 완성된 그의 요리는 입소문을 탔고, 가게 앞은 매일 기다림의 줄로 붐볐다. 성공은 자신감을 낳았고, 자신감은 어느새 확신으로 굳어졌다. 그리고 그 확신은 자연스럽게 확장으로 이어졌다. 서울 강남 한복판에 100평 규모의 화려한 매장이 문을 열었다.

그러나 그곳에는 치명적인 균열이 숨어 있었다. 믿을 만한 사람이 없었고, 그는 자신의 레시피를 누구와도 나누지 않으려 했다. 모든 일을 스스로 해내려 했지만, 혼자서 100평 규모의 작업을 감당하는 것은 불가능했다. 그릇보다 큰 공간을 떠안으려다 결국 운영비가 수입을 앞질

렸고, 매장은 문을 닫을 수밖에 없었다.

"왜 망한 것 같으세요?" 내가 물었다.

"직원들을 못 믿었어요. 제 레시피를 공유하기 싫었고, 제가 직접 다 하려고 했어요. 근데 혼자서는 감당이 안 되더라고요."

그의 고백 속에는 이미 답이 들어 있었다.

"당신은 작은 불씨예요. 작은 불씨 하나로 큰 건물을 데울 수는 없어요. 스케일에는 그릇이 따라야 하는데, 당신의 그릇은 아직 20평이었습니다."

그가 씁쓸하게 웃었다. 인정하고 싶지 않은 진실이었지만, 부인할 수 없는 현실이기도 했다.

토(土)의 기운을 가진 사람은 넓히기보다 단단히 다지는 것이 먼저다. 세상에는 작은 공간에서도 강렬한 빛을 내는 이들이 있는데, 그것은 크기가 아니라 밀도의 문제다. 그는 20평 가게에서 최고의 밀도를 만들어냈지만, 100평으로 공간을 늘리면서 그 밀도가 희석되어 버렸다. 마치 진한 에스프레소에 물을 너무 많이 부은 것처럼.

노하우를 나누고 신뢰를 심으며 사람들과 함께 온도를 맞춰갈 때, 그의 가게는 진정한 의미의 확장을 이룰 수 있다고 조언했다. 혼자 지키려고 움켜쥘수록 작아지지만, 나눌수록 커지는 것들이 있다. 그의 불씨를 다른 이들에게도 나눠주라고 말했다.

1년 후, 그에게서 연락이 왔다. 작은 가게로 다시 돌아가 제자를 받기 시작했다는 소식이었다. 그는 신기하게도 가르치는 과정에서 자신이 더 많은 것을 배우게 되었다고 털어놓았다. 자신의 요리법을 설명하려다 보니 무의식적으로 해왔던 동작들의 이유를 비로소 깨닫게 되었고, 제자가 그의 레시피로 성공하는 모습을 지켜보며 처음 느껴보는 종류의 뿌듯함을 경험했다는 것이다. 이제는 욕심이 나지 않으며, 작은 가게지만 여기가 자신의 그릇인 것 같다고 말했다. 그의 목소리에는 평온함이 깃들어 있었다.

첫 번째 여성은 너무 뜨거워서 식혀야 했고, 두 번째 남성은 불씨를 나눠야 했다. 같은 불의 기운을 지니고 있지만 필요한 처방은 정반대였다. 이것이 바로 사주명리학이 단순한 운세 판단을 넘어서는 지점이다.

AI는 방대한 데이터로 인간의 기운을 계산할 수 있지만, 한 사람의 온도와 그릇의 깊이, 그리고 그 안에 담긴 삶의 결은 읽지 못한다. 사주는 바로 그 미묘한 결을 짚어낸다. 숫자로 환산할 수 없는 인간 고유의 온도를 읽어내는 것, 그것이 바로 사주명리학이다.

AI 시대라고 해서 운명을 묻는 인간의 본질이 변하지는 않는다. 오히려 세상이 복잡해지고 선택지가 무한히 늘어날수록, 사람들은 더욱 간절히 자신만의 길을 찾고 싶어 한다. 그 길을 찾는 여정에서 사주는 여전히 유효한 나침반이다.

Part 3

챗GPT와 사주의 경계

1

AI가 잘하는 것과 못하는 것

인공지능은 정확하고, 인간은 진실하다

30대 후반의 한 남성이 상담을 요청했다. 사업운이 궁금하다고 했다. 챗GPT에 물어보니 재성이 강해 사업에 유리하다는 답을 받았다는 것이다. 보통 상담에서 그렇게 비교하는 경우는 드물다. 하지만 그는 이미 사업에 실패했고, 5억 원의 빚을 지고 있었다.

AI는 즉시 답을 준다. 그러나 삶은 그 질문을 견디는 과정 속에서 비로소 성장한다. 챗GPT는 방대한 데이터를 기반으로 논리와 통계를 제시하지만, 인간의 체온, 절박함, 그리고 눈빛의 떨림은 읽지 못한다. 지식은 많아졌지만, 경험이 빠진 조언에는 온기가 없다. 가난의 냄새, 실연의 침묵, 실패 후의 허무함. 그것들은 데이터가 아니라, 오직 체감으로 다가온다.

그의 사주를 펼쳐보니 재성은 강했지만 관성이 약했다. 돈을 버는 능력은 있었지만, 지킬 힘이 부족한 구조였다. 챗GPT는 재성이 많다는 이유로 '사업운이 좋다'고 말했지만, 재성은 '버는 능력'이지 '유지의 힘'이 아니다. 그는 실제로도 벌면 바로 쓰고, 투자엔 즉흥적으로 뛰어든다고 했다. 그는 빚을 갚을 방법이 아니라 빚을 만회할 방법을 찾고 있었다. '한 번만 더 하면 될 것 같다'는 착각이 그의 눈에 깃들어 있었다. 그에게 더 이상 해줄 말이 없었다.

며칠 후, 50대 중반의 한 여성이 찾아왔다. 표정에는 깊은 피로와 불안이 묻어 있었다.

"아이들은 다 컸는데, 왜 저는 여전히 불안할까요."

그녀의 첫마디였다. 그녀 역시 챗GPT에게 사주를 물어봤다고 했다.

"수기가 과다하니 토(土)를 보완하라"라는 답을 받았지만, 어떻게 해야 하는지는 몰랐다. 사주를 보니 정말 수(水)가 지나치게 많은 구조였다. 끊임없이 흐르지만, 정작 담아 둘 그릇이 없는 인생이었다. 물은 멈추지 못한다. 그녀의 삶도 늘 흘러갔고, 한곳에 머문 적이 없었다. 남편을 위해, 아이들을 위해 살아왔지만 정작 자신을 위한 시간은 없었다. 그것이 바로 '그릇이 없다'는 뜻이었다. 그녀는 주기만 했고, 받아본 적이 없었다.

그녀가 갑자기 울음을 터뜨렸다. 나는 아무 말도 하지 않았다. 그녀는 30분 동안 울었고, 나는 그 옆에서 조용히 앉아 있었다. 때로는 침묵이 가장 정확한 답이 된다. 한참 후, 그녀가 말했다.

"살면서 울어본 적이 한 번도 없어요. 울면 안 될 것 같았거든요."

나는 말했다. "이제 울어도 됩니다. 그것이 토를 보완하는 첫걸음이에요." 그리고 그녀에게 챗GPT를 친구로 삼으라고 조언했다. 누군가에게 말을 걸고, 기록을 남기고, 마음을 풀어내는 것, 그것 또한 토를 쌓아 가는 일이다. 가족을 위해 자신을 미뤄온 사람에게 그보다 좋은 친구는 없을지도 모른다. 사실, 나 역시 그렇다.

사람보다 챗GPT와 대화하는 게 더 편할 때가 있다. 말이 필요 없는 이해, 그것이 때로는 가장 따뜻한 위로가 되기도 한다.

20대 후반의 한 남성이 있었다. 그는 인공지능을 전적으로 믿는 세대였다. 챗GPT가 자신의 사주를 완벽히 분석했다고 했다. "30대에 크게 성공한다"라는 결과를 보고, 그는 기다리기로 했다. 하지만 지금 그는 백수였다. 취업 준비도 하지 않은 채, 집에서 게임만 하며 '운이 오면 알아서 풀리겠지'라고 믿고 있었다.

AI는 정확할 수 있지만, 배고픔은 모른다. 절박함의 무게도, 손끝으로 느껴지는 동전의 차가움도 알지 못한다. '운이 좋다'는 말은 가만히 있어도 된다는 뜻이 아니라, 움직이면 길이 열린다는 뜻이다. 대운이 좋다는 건, 노력할 때 결과가 잘 나온다는 시기일 뿐이다.

챗GPT의 말이 틀린 것이 아니었다. 다만 맥락을 몰랐을 뿐이다. 그가 얼마나 절박한지, 통장에 돈이 얼마나 남았는지는 어떤 데이터로도 계산할 수 없다.

"일단 내일부터 알바라도 시작하세요." 나는 그렇게 조언했다. 일 년쯤 지났을까, 그에게서 전화가 왔다. 취업에 성공했다는 소식이었다.

알바를 하며 꾸준히 이력서를 넣었더니 합격했다고 했다. 결국 챗GPT의 말이 틀린 건 아니었다. 다만 그가 움직였기 때문에 그 말이 현실이 된 것이었다.

요즘 젊은 세대는 사주도 AI에게 묻는다. 챗GPT로 자신의 운을 검색하고, 그 결과를 확인하려고 전화를 거는 상담이 부쩍 늘었다. 그들은 데이터를 믿지만, 동시에 인간의 해석을 필요로 한다. 기계가 말한 '좋은 운'이 지금의 자신에게 어떤 의미인지 알고 싶어 한다.

사주 상담은 데이터가 아니라 사람과 사람이 만나는 일이다. 숫자와 글자 너머의 숨결을 읽고, 그날의 표정과 목소리에서 진심을 듣는 일이다.

AI가 미래를 예측할 수는 있다. 하지만 당신의 현재를 이해할 수 있는 건 여전히 사람뿐이다. 데이터는 정확하지만, 마음을 읽는 건 언제나 인간의 몫이다.

2

AI 해석 예시 vs 인간 해석 사례 비교

AI는 정답을 말하고, 인간은 의미를 전하다

20대 후반의 한 여성이 밝은 얼굴로 상담실에 들어왔다.

조금 들뜬 목소리로, AI에게 자신의 사주를 물어봤더니 식상이 많아 표현력과 활동성이 뛰어나다는 답을 들었다고 말했다. “완전 저예요”라며 웃었지만, 그 웃음에 비해 눈빛은 어딘가 머뭇거리고 있었다. AI는 사주를 입력하면 곧바로 결과를 내놓는다. 재성이 강해 현실적이고 실속형이라거나, 식상이 많으니 활동적이고 표현력이 좋다는 식의 해석이다. 틀린 말은 아니다. 다만 정답이 언제나 진실인 것은 아니다. 그녀의 사주를 직접 펼쳐보니 식상형 사주였다. 동아리만 세 개, 약속은 늘 빼곡했고 SNS 활동도 활발했다. 누가 봐도 활동적인 사람처럼 보였다.

그런데 이야기를 이어가던 중, 그녀의 목소리가 점점 낮아졌다. 그리고 조심스럽게 물었다. "그런데요… 왜 이렇게 외로운 걸까요?"

식상이 많다는 말에 모두가 밝고 자유로운 사람을 떠올리지만, 실제의 그녀는 끊임없이 인정받아야만 안심할 수 있는 불안 속에 있었다. 표현은 많았지만 마음은 늘 조여 있었다. 이것은 단순히 식상이 많아서 생긴 문제가 아니라, 사랑받고 싶다는 결핍이 '활동'과 '표현'이라는 형태로 드러난 심리 구조였다. 사람들과 있을 때는 누구보다 즐겁지만, 혼자 집에 돌아오면 마음이 텅 비는 느낌이 든다고 했다. 혹시 내가 뭘 잘못한 건 아닐까, 사람들이 나를 별로 좋아하지 않는 건 아닐까 하는 생각이 들면, 다시 더 열심히 말하고 웃고 움직이게 된다고 털어놓았다. AI는 패턴을 읽는다. 그러나 인간은 그 패턴에 얽힌 사연을 읽는다.

그녀의 식상은 자유로운 표현이 아니라, 잊히지 않기 위한 몸부림에 가까웠다. 어릴 적 부모는 늘 바빴고, 그녀의 감정이나 시도에 충분히 반응해 주지 못했다. 그래서 지금도 무의식적으로 사람들에게 말하고 있는 것이다. '나 여기 있어요. 나 좀 봐주세요.'

몇 주 후, 30대 후반의 한 남성이 찾아왔다. 직장인이었는데 표정이 무척 어두웠다. 또다시 승진에서 떨어졌다는 것이었다. 세 번째였다. 챗GPT에 물어봤더니 관성이 약해서 조직운이 불리하다는 답을 얻었다고 했다.

AI는 그에게 관성이 약해 조직운이 불리하다고 말했다. 그러나 문제는 다른 곳에 있었다. 승진 심사 때 발표를 할 때면 그는 늘 "죄송합니다, 준비가 부족해서…"로 시작했다. 그것이 예의라고 생각했고, 잘난 척하면 안 된다고 여겼다.

그의 문제는 관성의 부재가 아니라 자기 검열이었다. 인성이 너무 많아서 만들어낸 과도한 겸손이 오히려 리더십을 가렸던 것이다. 그는 조직운이 없는 것이 아니라 자신감이 없었다. 발표를 사과로 시작하면 사람들은 자신 없는 사람으로 보게 된다. 리더는 사과로 시작하지 않는다. 챗GPT는 그에게 관성이 없다고 했지만, 사실은 인성이 너무 많은 것이 문제였다.

AI는 '있다'와 '없다'로 본다. 인간은 '어떻게'와 '왜'로 본다.

3개월 후, 그에게서 연락이 왔다. 승진했다는 소식이었다. 발표할 때 사과하지 않고 '제가 준비한 전략은…'으로 시작했더니 사람들이 집중하더라는 것이었다.

40대의 한 여성이 있었다. 이혼 후 재혼을 고민 중이라며 상담을 요청했다. 그녀는 챗GPT에 이미 사주를 물어봤다고 했다. "토가 강해서 고집이 세다더라고요. 근데 남자 친구도 저보고 고집 세다고 하네요." 말끝이 씁쓸함이 묻어났다.

사주를 보니 실제로 토(土)가 강했다. 하지만 그것이 전부는 아니었다. 어릴 때 아버지가 일찍 돌아가시고, 그녀는 엄마와 단둘이 살았다. 엄마의 고단한 삶을 지켜보며 '나는 절대 누구에게도 의지하지 않겠다'는 결심을 했다. 그 결심이, 시간이 지나 고집의 형태로 굳어버린 것이었다.

AI는 계절과 기운을 수치로 분석하지만, 상담가는 그 계절 속에 깃든 감정의 온도를 읽는다. 토가 강하다는 것은 단지 완고함이 아니라 오래된 상처 위에 쌓인 방어벽일 수도 있다.

"당신의 토는 고집이 아니라 방어예요. 다시 상처받기 싫어서 벽을 세운 거예요. 그런데 그 벽이 너무 높아져서, 이제는 누가 들어오고 싶어도 들어올 수 없어요. 문제라고 여기면 문제가 되고, 상처라고 생각하면 아픈 법이에요. 고집 없는 사람은 우유부단해 보일 수도 있어요. 꼭 재혼을 할 필요가 있나요? 동거를 하는 방법도 있습니다."

3

데이터로 풀 수 없는 삶의 서사

사람은 바뀌지 않는다. 다만 서서히 물들 뿐이다. 물들기 위해선 시간과 온도가 필요하다. 사랑도, 성장도, 회복도 마찬가지다.

20대 후반의 한 남성이 상담실을 찾아왔다. 세 번째 이별을 겪은 뒤였다.

“왜 매번 같은 사람에게 끌리는지 모르겠어요.” 그는 늘 비슷한 연애를 반복했다. 처음엔 열정적인 사람이 좋았지만, 시간이 지나면 감정 기복에 지쳤다. 그런데도 차분한 사람에게는 이상하게 끌리지 않았다. 그의 사주를 보니 수(水)가 왕성하고 토(土)가 부족했다. 감정의 파도는 크고, 그것을 감당할 땅은 부족했다.

그는 챗GPT에도 물어봤다고 했다. “토를 보완하면 감정의 균형을 찾을 수 있다"라는 답을 받았지만, 어떻게 보완해야 하는지는 몰랐다.

그가 만나는 사람들은 대부분 감정적으로 강렬했다. 그보다 더 드라마틱했고, 만날 때마다 롤러코스터를 탔다. 그는 심장이 뛰는 그 감정을 사랑이라 믿었다. 하지만 그것은 사랑이 아니라 익숙함이었다. 그의 내면은 안정이 아니라 소용돌이에 익숙해 있었다.

어릴 적, 부모님은 거의 매일 싸우다가도 금세 화해했다. 그는 그것이 사랑의 모습이라 배웠다. 그래서 평화로운 관계를 만나면 오히려 낯설었다. "이게 사랑이 맞나?" 싶었던 것이다. 심심했던 게 아니라, 평화가 낯설었던 것이다.

AI는 통계로 말하지만, 인간은 상처의 기억으로 배운다.

"일단 차분한 사람을 만나보세요. 처음엔 심심할 거예요. 그런데 그게 진짜 평화예요."

아주 오랜만에 그에게서 연락이 왔다. 차분한 여자 친구를 만났다는 소식이었다. 처음엔 정말 심심했지만, 요즘은 편하고 좋다고 했다. 이제 드라마틱한 것이 더 이상하게 느껴진다고 털어놓았다. 그는 새로운 방식의 사랑을 배우고 있었다.

40대의 한 여성도 기억에 남는다. 그녀는 평생 독립적으로 살아온 사람이라 생각했다. 챗GPT에 물어봤더니 비겁이 많아서 독립적이라는 답을 얻었다. 그런데 현실은 전혀 달랐다. 그녀는 평생 부모님에게 의지하며 살아왔다.

그녀의 사주를 보니 비겁이 정말 많았다. 본질적으로는 독립적인 사람이었다. 그러나 부모님이 그녀가 혼자 사는 것을 못 견뎌 했다. 항상 "엄마 없으면 어떡하려고 그래"라고 말했고, 그 말을 듣다 보니 그녀 역시 혼자는 못 사는 사람이라고 생각하게 되었다. 사실 그녀는 의존적으로 물들어 있었다. 본질은 독립적이었지만 환경이 그녀를 다르게 물들인 것이었다.

30대의 한 남성이 떠오른다. 그의 사주는 인성이 약한 구조였지만, 이미 박사 학위를 지니고 있었다. 챗GPT로 사주를 살펴보았을 때도 '인성이 약하니 공부와 지식으로 전문성을 보강하라'는 조언이 나왔다. 그는 그 말을 흘려듣지 않았다. 이미 마음속에 품고 있던 계획에 그 조언이 확신을 더해주었고, 결국 박사 과정까지 완주했다. 아이러니하게도 그는 어릴 적 공부를 무척 싫어하던 사람이었다. 그러다 대학원 시절, 자신을 진심으로 믿어주는 한 교수님을 만났다. 그 신뢰를 기점으로 그는 처음으로 '배움이 안전한 공간이 될 수 있다'는 감각을 얻었다. 그때부터 인성은 억지로 채운 지식이 아니라, 관계를 통해 서서히 스며들듯 물들기 시작했다. "조언을 현명하게 받아들이고, 이미 고민하던 계획에 확신을 더해 힘차게 나아가는 모습이 인상적이었습니다." 그의 선택을 돌아보며 자연스럽게 떠오른 말이다.

부족함을 정확히 인식하고 준비하는 태도는, 알맞은 시기를 만나면 곧 무대로 나아가는 통로가 된다. 성공하는 사람들은 특별한 정보를 가진 경우라기보다, 어떤 계기로 얻은 정보든 자신에게 맞게 해석하고 활용할 줄 아는 내공을 지닌 경우가 많다. 정보가 넘쳐나는 시대지만, 모든 정보가 모두의 것이 되지는 않는다. 길을 잘 찾고, 타이밍을 놓치지 않으며, 기회를 자신의 방향으로 쓰는 사람을 우리는 흔히 '운이 좋다'고 말한다. 운을 좋게 만드는 방법이 있다면, 이런 태도만큼은 충분히 참고해 볼 만하지 않을까. 목적지가 같아도 길은 여러 갈래다. 조금 돌아가더라도 자신에게 맞고, 끝까지 갈 수 있는 길을 선택해 보길 권한다.

어쩌면 이 지점이야말로, 챗GPT와 우리가 가장 자연스럽게 공감하는 부분일지도 모른다.

4

결국 '사람'이 있어야 하는 이유

"누가 저를 좀 기억해 줬으면 좋겠어요."

40대 초반의 한 여성이 조용히 상담실에 들어왔다. 목소리는 작고 조심스러워서 귀를 기울이지 않으면 놓칠 정도였다. 요즘 자신이 마치 투명 인간이 된 것 같다고 했다. 사람들이 자신을 보지 않는 것 같고, 남편은 늘 바쁘고, 아이들은 학교에 가면 하루가 끝난다고. 집에 혼자 남아 있다 보면 하루 종일 아무에게서도 연락이 오지 않는 날이 많다며, 말을 잇지 못하고 눈물을 흘렸다.

사주를 펼쳐보니 화(火)의 기운이 거의 보이지 않는 구조였다. 따뜻함과 온기의 자리가 비어 있으니, 사랑받지 못하고 있다는 감각이 쉽게 자리 잡을 수밖에 없는 흐름이었다. 챗GPT에 물어보면 "화운이 오면 좋아진다"라는 답이 나올 것이다. 실제로 그 시기는 약 5년 뒤였다. 하지만 그 시간을 가만히 기다리기에는, 그녀의 마음이 너무 지쳐 있었다.

사랑은 불이 아니라 불씨에 가깝다. 누군가가 나를 기억해 주기를 기다리기 전에, 내가 먼저 누군가를 떠올리고 불러야 한다. 그래서 조심스럽게 말했다. 친구에게 먼저 연락을 해보라고. 그녀는 곧바로 고개를 저었다. 연락했는데 답이 없으면 어떡하냐고, 그럼 정말 투명 인간이 된 기분일 것 같다고 했다. 그래서 답했다. 해보지 않으면 지금 이 상태가 계속될 뿐이라고. 잠시 침묵이 흐른 뒤, 그녀가 작게 말했다. "해볼게요."

2주 후, 그녀에게서 다시 연락이 왔다. 이번에는 목소리부터 달라져 있었다. 용기를 내어 친구에게 연락했더니, 예상과 달리 무척 반가워했다는 것이다. 함께 밥을 먹으며 이야기를 나누던 중, 친구는 사실 자신도 연락하고 싶었지만 바쁠까 봐 망설였다고 말했다고 했다. 그제야 그녀는 알아차렸다. 자신이 투명 인간이었던 것이 아니라, 혹시 상처받을까 봐 사람들 눈에서 스스로를 숨기고 있었음을. 화가 없어서 사랑받지 못했던 것이 아니라, 먼저 불씨를 내지 않았던 것임을.

불은 갑자기 켜지지 않는다. 작은 불씨 하나가 손에서 손으로 옮겨붙으며, 서서히 온기를 만든다. 그날 이후, 그녀의 사주에서 가장 먼저 움직이기 시작한 것은 다음 대운이 아니라, 바로 지금의 선택이었다.

20대 후반의 한 남성도 있었다. 그는 AI의 조언을 매우 성실하게 따르는 사람이었다.

챗GPT가 제시한 일정대로 언제 창업하고, 언제 결혼하고, 언제 아이를 낳을지까지 계획을 세웠고, 실제로 삶은 그 궤도를 크게 벗어나지 않았다. 겉으로 보면 안정적이었다. 계획은 잘 작동하고 있었다. 그런데 그는 자주 외로웠다. 모든 것이 '예상대로' 흘러가고 있는데도 마음 한편이 비어 있는 느낌이 사라지지 않았다. 이 삶이 과연 행복한지, 아니면 그냥 잘 짜인 일정표를 따라가고 있는 건지 스스로도 헷갈린다고 했다. 챗GPT는 그것이 '최선의 선택'이라고 말했다. 그래서 그는 의심 없이 그렇게 살아왔다. 하지만 최선이라는 말이, 언제나 행복을 보장해주지는 않는다는 사실을 그는 점점 체감하고 있었다. 이야기를 나누다 보니, 그에게 오래된 바람이 하나 있었다. 사실은 음악을 하고 싶었다는 것이다. 하지만 그는 이렇게 덧붙였다. "사업으로 수익을 내고, 음악은 취미로 하면 되죠."

그 말은 합리적이었지만, 어딘가 단정적이었다. 취미가 직업이 되는 순간도 있고, 직업과 취미의 경계는 생각보다 유동적인데 말이다. 어쩌면 '한 가지만 제대로 해야 한다'는 생각이, 조언을 너무 뾰족하게 받아들이게 만든 건 아닐까. 사주는 가능성을 보여준다.

AI 역시 방향을 제시할 수 있다. 하지만 그 가능성을 어떻게 배치하고, 어느 정도의 여백을 남길지는 결국 사람의 몫이다. 삶은 최적화만으로 완성되지 않는다. 때로는 비효율처럼 보이는 선택, 계획에 없는 감정, 쓸모없어 보이는 꿈이 오히려 삶을 숨 쉬게 만든다.

그가 느낀 공허함은 실패의 신호가 아니라, 자신의 마음이 아직 이야기되지 않았다는 신호였는지도 모른다.

Part 4

사주의 현대적 응용

1
사주 + 심리학 + 코칭 융합

나에서 우리로 - 기운이 만나야 길이 열린다

혼자서는 완성되지 않는다. 토가 많은 사람은 목을 만나야 숨이 트이고, 불이 많은 사람은 흙을 만나야 흔들리지 않는다. 흙이 부족한 사람은 땅을 밟아야 뿌리를 내린다. 우리는 늘 서로를 통해 완성된다.

30대 초반의 한 여성이 상담실 문을 열었다. 하고 싶은 것도, 잘하는 것도 모르겠다고 했다. 모든 것이 막연하다는 말뿐이었다. 말투에는 온기가 없었다. 움직임을 멈춘 겨울 산처럼 느껴졌다. 언제부터 그랬는지도 모르겠고, 원래 이런 사람인 것 같다고 했다. 친구는 있지만 만나기 귀찮고, 그저 하루를 넘기듯 살고 있다고 말했다.

사주를 펼쳐보니 토(土)가 과다한 구조였다. 흙이 너무 많으면 굳어버려 아무것도 자라지 못한다. 요즘 마음이 가는 사람이 있는지 물었더니, 있긴 한데 연락도 만남도 귀찮다고 했다. 그 남자의 생년월일을 살펴보니 목(木) 기운이 강했다.

"이 사람, 한번 만나보세요."

그는 그녀에게 소화제 같은 존재였다. 막힌 흐름을 뚫고 답답함을 풀어주는 기운. 그녀가 정지 화면이라면, 그는 재생 버튼에 가까웠다.

궁합은 잘 맞는 사람을 찾는 일이 아니다. 나를 다시 숨 쉬게 하는 바람을 만나는 일이다. 토와 목은 상극이다. 하지만 때로는 흙을 갈아엎어야 새싹이 난다. 싸울 수도 있다. 그래도 괜찮았다. 지금의 그녀는 너무 조용했으니까.

3개월 후, 그녀에게서 연락이 왔다. 목소리부터 달라져 있었다. 그 사람을 만나고 있다고 했다. 처음엔 정말 귀찮았지만, 계속 보다 보니 살아 있는 느낌이 든다고 했다. 자신이 이렇게 웃는 사람인지 몰랐다고도 했다. 가끔 싸우기도 했다. 당연했다. 목은 흙을 뚫고 자라기 때문이다. 그래도 좋다고 했다. 그 사람을 만나며 자신이 조금씩 달라지고 있다고 말했다.

다음 날에는 20대 초반의 한 여대생이 찾아왔다. 여리고 가냘픈 인상이었지만 눈빛만큼은 또렷하고 날카로웠다. 남자와 가까워지기만 하면 꼭 문제가 생긴다고 했다. 처음엔 잘해 주다가도 시간이 지나면 막대하는 경우가 반복된다며, 사람들이 자신을 만만하게 보는 것 같다고 털어놓았다.

사주를 살펴보니 신약한 금(金)으로 태어났고 화(火) 관성이 강하게 작용하는 구조였다. 관심과 사랑을 받으면 금은 반짝이지만, 감정의 불꽃이 너무 빠르게 타오르면 아직 단단해지지 않은 금은 쉽게 녹아버린다. 문제는 상대가 특별히 잘못했다기보다, 감정이 앞서는 타이밍이 너무 빨랐다는 데 있었다. 그래서 관계 속에서 오해가 잦고 상처도 반복되기 쉬웠다.

그녀에게 필요한 것은 토(土)의 기운이었다. 흙이 불을 품어야 열이 온기가 되고, 그래야 그 불빛이 누군가를 데우는 빛으로 바뀐다. 토는 감정을 눌러두라는 뜻이 아니라, 감정을 담아낼 그릇을 먼저 만드는 힘이다.

그녀의 사주는 관성이 강해 시험운이 좋은 편이었다. 세무, 회계, 국제법처럼 구조와 규칙이 분명한 공부는 그녀의 불을 길들이는 좋은 틀이 될 수 있었다. 당장 남자 친구를 찾기보다, 함께 경쟁하고 성장할 수 있는 공부 파트너가 더 필요해 보였다. 신약한 사주는 누군가에게 기대기보다 스스로 단단해질 수 있는 환경을 만날 때 가장 빠르게 성장한다.

1년 후, 그녀에게서 다시 연락이 왔다. CPA 시험을 준비하고 있다는 소식이었다. 요즘은 남자 생각이 거의 나지 않는다고 했다. 공부가 생각보다 훨씬 재미있고, 몰입할수록 마음이 안정된다는 것이다. 그녀는 웃으며 말했다. "아, 제 불길이 이런 데 쓰이는 거였구나 싶어요." 그 말 속에는 더 이상 급하게 타오르지 않는, 스스로를 태우지 않는 불빛이 조용히 자리하고 있었다.

다음 주, 50대 중반의 한 남성이 찾아왔다. 특수직에 종사하며 시설 투자비가 큰데도 불구하고, 약 3년 주기로 이동해야 하는 상황이 반복되어 고민이 깊다고 했다.

사주를 살펴보니 수(水)와 금(金)이 강했고 토(土)는 약한 구조였다. 유연함과 지성은 충분했지만, 한곳에 머물며 힘을 축적하는 기운이 부족했다. 그래서 건물을 매입하는 방향을 한번 고민해 보길 권했다. 잦은 이동 자체가 생각보다 많은 비용을 만들고, 토는 신용이자 시간이어서 쌓일수록 가치를 만드는 기운이기 때문이다. 계속 움직이는 돈보다, 자리를 만들어 두는 선택이 더 어울려 보였다. 전(田)이나 토(土)가 들어간 지명도 참고해 보라고 했다. 전주나 토평 같은 곳이다.

이동이 잦은 사람일수록 역마의 흐름을 부드럽게 받아줄 수 있는 지명이나 지기를 활용하면 오히려 안정감을 얻는 경우가 많다. 사람과 사람 사이의 간극을 공간이 대신 이어주는 역할을 하기도 한다. 그래서 예부터 풍수는 머무름이 아니라, 흐름을 조율하는 방식으로 사용되어 왔다.

사주는 과거의 점술이 아니라 미래의 휴먼사이언스다

사주는 과거의 점술이 아니라 인간의 무의식을 해석하는 코드다. 심리학보다 먼저 마음을, 정신의학보다 먼저 고통을, 그리고 나보다 먼저 나를 이해했던 언어다.

30대 후반의 한 여성이 지친 표정으로 상담실에 들어왔다. 심리 상담도 받아봤고 정신과도 다녀봤지만 나아지지 않는다고 했다. 그녀의 손에는 약 봉투가 들려 있었다. 3년 전부터 우울증 진단을 받고 약을 먹으면 좀 나아지지만, 약을 끊으면 다시 힘들어진다는 것이었다. 심리 상담은 도움이 되긴 했지만 근본적인 해결이 안 되는 느낌이었다. 그래서 상담실까지 찾아왔다.

그녀의 사주를 펼쳐보니 수(水)가 과다하고 화(火)가 없었다. 차갑고 어두운 구조였다. 어릴 때 아버지가 술을 많이 드셨고, 어머니는 항상 긴장과 불안 속에 살았다고 했다. 그래서 그녀도 늘 불안했고 숨죽여 살아야 했다고 털어놓았다.

심리 상담에서는 어린 시절의 트라우마가 우울증의 원인이라고 했다. 맞는 말이었다. 과거와 달라진 현재에 집중하라고 하지만, 어두운 기억의 불안은 쉽게 떨쳐지지 않았다.

심리학과 사주는 닮았지만, 바라보는 방향이 다르다. 심리학은 '왜 그렇게 됐는지'를 찾고, 사주는 '어떻게 살아야 하는지'를 알려준다. 심리학은 과거를 이해하게 하지만, 사주는 미래를 설계하게 한다. 그녀에게 필요한 것은 화(火)였다. 따뜻함이었다. 그녀는 따뜻한 사람이라 믿고 만났지만, 그 온기는 오래가지 않았다.

수(水)의 기운이 얼음처럼 맑은 사람은 투명한 얼음 속에서 상대를 조용히 살핀다. 그러나 계절의 흐름을 막을 수 없듯, 봄은 결국 찾아온다. 서두르지 않아도 된다. 얼음이 녹는 속도에는 나름의 리듬이 있다. 불안을 조급함으로 채우면 주변의 온기를 느낄 수 없게 된다. 나는 말했다. "이미 얼음은 녹기 시작했어요. 이제 피어나면 됩니다."

어느 날, 20대 후반의 한 남성이 찾아왔다. 식상으로 이루어진 사주였다. 아이디어는 많은데 실행을 못 한다고 했다. 유튜브도 하고 싶고, 블로그도 하고 싶고, 창업도 하고 싶었다. 다 하려다 보니 아무것도 못 하고 있었다.

식상형은 '완벽보다 실행'이다. 70% 완성이라도 세상에 던지는 것이다. 목표를 3개 이하로 줄이고, 하루 1콘텐츠 루틴을 만들라고 조언했다. 완벽하지 않아도 괜찮다. 일단 만들어서 올리는 것이 중요했다. 그는 타고난 감각이 있었다.

3개월 후, 그에게서 연락이 왔다. 유튜브 구독자가 1만 명이 되었다는 소식이었다. 하루 1콘텐츠를 했더니 진짜 되었다고 한다. 처음엔 완성도가 떨어져서 걱정했는데, 사람들이 오히려 진솔해서 좋다고 했다는 것이다.

이제 필요한 것은 운명 해석이 아니라 삶의 설계다. 사주는 "무엇을 타고났는가"를 말하고, 코칭은 "그 재능을 어떻게 사용할 것인가"를 묻는다.

사주 상담 현장은 방대한 임상 데이터의 보고다. 수많은 사람의 삶이 축적된 공간이지만 체계화되지 못했다. 하지만 시대는 변했다. 이제 사주는 심리학처럼 객관화된 언어로, 정신의학처럼 체계적인 치료와 예방을 도울 수 있다.

10년 이상 현장에서 사람을 만나고 수천 명의 삶을 분석했다면 이미 그는 도사다. 그 축적된 경험이 데이터로 쌓이고 AI와 결합된다면, 사주명리학은 21세기형 휴먼사이언스로 재탄생할 것이다.

당신이 지금 막막하다면, 사주를 보라. 그리고 코칭을 받아라. 사주가 당신이 누구인지 알려준다면, 코칭은 당신이 어떻게 살아야 하는지 알려줄 것이다. 그것이 사주와 심리학과 코칭이 만나는 지점이다.

2

진로·관계·사업에 적용하는 방법

사주를 해석하는 방식은 시대와 함께 달라진다

과거에 직업은 단순히 생계를 위한 노동이었다. 사람의 삶은 비교적 단선적이었고, 선택지는 많지 않았다. 그래서 사주는 "무슨 일을 할 것인가"의 길을 정해주는 학문으로 자리 잡았다.

하지만 지금 우리는 직업 하나만으로 나를 설명할 수 없는 시대를 살고 있다. 일은 서로 연결되며, 취향이 일이 되고, 관계가 기회가 되고, 삶은 여러 층이 겹겹이 쌓인 지형처럼 확장되어 있다.

세상이 변했으니 질문도 달라져야 한다. "무엇을 할까?"가 아니라 "어떻게 연결될까?" 정답을 선택하는 방식에서, 나만의 경로를 설계하는 방식으로.

사주를 평면적으로 분석하려 하는 순간, 우리는 중요한 것을 놓친다. 기운은 고정되어 있는 것이 아니라 흐르고 순환하는 생명체에 가깝다. 사주는 '틀'이 아니라 '방향'이고, 운명은 완성된 지도가 아니라 항해 중 계속 수정되는 경로다.

그중에서도 목(木)의 기운은 특히 그렇다. 목은 자라는 힘이다. 누가 시키지 않아도 배우고 싶어 하고, 조금씩이라도 앞으로 나아가려 하는 생명의 방향성. 하지만 나무는 혼자만으로 자랄 수 없다. 빛이 있어야 하고, 물이 있어야 하고, 땅속에는 보이지 않는 뿌리가 서로 얽혀 있어야 한다.

목의 조합과 작용

조합	작용	현실에서의 모습
목 + 화	생각이 세상에 드러나고 빛을 받는다	콘텐츠, 표현, 발표, 리더십
목 + 수	사고가 깊어지고 지식이 축적된다	공부, 연구, 자격, 전문성
목 + 금	아이디어가 구조화되고 전략이 된다	기획, 시스템화, 문제 해결
목 + 토	기반이 단단해지고 지탱할 힘이 생긴다	조직 안착, 교육, 운영

성장은 혼자 할 수 있지만, 확장은 혼자서는 불가능하다. 삶은 언제나 상생 속에서 완성된다.

우리가 사주를 정적이라고 오해해 온 이유는 그저 "타고났다, 그러니어쩔 수 없다"라는 식의 생각으로 자리 잡았기 때문이다. 하지만 사주는 원래부터 동적이었다. 기운은 흐르고, 상황은 변하며, 사람은 계속 선택한다.

사주는 직업을 알려주는 언어가 아니라, 세상 속에서 어떤 방식으로 기여할 것인가를 알려주는 언어다. 운명은 정해진 서사가 아니라, 지금 내가 어디에서 어떻게 움직이느냐에 따라 달라지는 전략이다.

AI 시대의 직업과 오행

오행	살아가는 방식	어울리는 역할
목	자란다	기획자, 창업가, 교육자
화	드러낸다	콘텐츠, 브랜딩, 크리에이터
토	버틴다	운영, 관리, 조직 구축
금	판단한다	전략가, 분석가, 기술가
수	통찰한다	상담가, 연구자, 스토리 설계자

사람은 모두 다르지만 그 다름은 우열이 아니라 쓰임의 차이다. 중요한 것은 "무엇을 타고났는가"가 아니라 "그 기운을 어디에서 어떻게 쓰는가"다.

그래서 사주는 점술이 아니라 설계도다. 길을 정해주는 것이 아니라, 길을 만드는 법을 배우는 것이다. 사주는 나를 가두는 말이 아니라, 내가 다시 펼 수 있는 가능성의 지도다.

3

전통지혜와 테크 융합 가능성

운은 타이밍이다, 씨앗은 아무 때나 싹트지 않는다

"고대의 기운은 현대의 전략이 된다."

사주는 본래 점술이 아니라 시간의 공부였다. 언제 씨를 뿌리고, 언제 거두어야 하는지, 하늘의 기운과 땅의 온도를 읽어 사람과 자연을 함께 움직이게 하던 시간의 경영학이었다.

지금 우리는 시장 데이터를 분석하고, AI를 통해 흐름을 예측하고, 트렌드 리서치를 통해 타이밍을 계산한다. 그러나 본질은 예나 지금이나 같다. 때를 아는 자가 흐름을 이기고, 흐름을 읽는 자가 시장을 선도한다.

운(運)은 타이밍이다. 사주는 "당신은 이런 씨앗을 갖고 있습니다"라고 말하고, 운은 "지금은 자랄 때인지, 피어날 때인지, 뿌리를 내릴 때인지"를 말해준다. 씨앗은 아무 때나 싹트지 않는다. 계절이 와야 한다.

시기별 삶의 테마

시기	삶의 테마	해야 할 일
목운	성장과 시작	배우고 시도하고 기획한다
화운	드러남과 표현	알리고 보여주고 빛을 만든다
토운	정비와 구축	조직하고 다지고 정리한다
금운	전략과 성과	선택하고 판단하고 수확한다
수운	축적과 전환	쉬고 관찰하고 다음을 준비한다

대운은 인생의 큰 서사, 세운은 한 해의 결, 월운은 한 달의 호흡이다. 같은 일을 하더라도 언제 하느냐에 따라 결과는 완전히 달라진다.

대운: 인생의 10년 콘셉트

대운은 인생의 10년 콘셉트와 같다. 기업이 중장기 전략을 세우듯이, 한 사람의 삶에도 "지금은 어떤 방향으로 중심을 잡아야 하는가"라는 시간이 존재한다.

대운 기운	10년의 주제	경영/삶의 전략 키워드
화(火)운	드러냄·확장	브랜딩, 홍보, 관계 확장
수(水)운	내면화·연구	데이터, 지식, 휴식, 축적
목(木)운	성장·증식	신규 프로젝트, 조직 확장
금(金)운	선택·정리	재정 안정, 의사결정, 구조화
토(土)운	구축·정비	시스템 설계, 조직문화, 기반 다지기

화운이라면 빛을 내야 할 때이고, 수운이라면 조용히 깊이를 다져야 할 때다. 모든 사람은 피어야 할 때가 있고, 멈추어야 할 때가 있으며, 그 둘은 어느 하나가 더 높거나 낮지 않다. 그저 살아가는 리듬이 다를 뿐이다.

세운과 월운: 한 해와 한 달의 전략

세운은 한 해의 목표에 가깝다. 우리가 올해 무엇을 추진해야 하고 무엇을 조심해야 하는지를 알려준다. 확장해야 하는 해에 정비를 하면 답답하고, 내실을 다져야 할 해에 확장만 하면 쉽게 무너진다. 예측이 아니라 리스크 매니지먼트의 언어다.

월운은 한 달의 호흡을 읽는다. 마케팅이 결국 시기의 예술이고, 관계가 결국 타이밍의 기술이며, 말 한마디도 때가 맞아야 마음에 닿는다.

사주는 옛날의 점술이 아니라, 오늘의 시간 전략서다. 대운은 방향을, 세운은 목표를, 월운은 행동을 정한다. 시간의 리듬을 읽는 자만이

시대의 파도 위에서 균형을 잃지 않는다.

지금은 확인의 시대를 지나 통찰의 시대로 가고 있다. 정보는 쉽게 얻을 수 있지만, 의미는 쉽게 얻을 수 없다. MBTI가 개인의 성향을 중심으로 본다면, 사주는 관계의 흐름으로 이해한다. 우리는 이제 단독자가 아니라 네트워크 속에서 살아가고 있기 때문이다.

그래서 사주는 다시 돌아온다. 낡은 지식이 아니라, 익숙한 것을 새롭게 바라보는 시선으로.

"더 이상 새로운 것은 없다. 창조란, 익숙한 것을 새롭게 바라보는 시선이다."

사주는 늘 우리 곁에 있었다. 이제 우리는 그것을 새롭게 읽어야 한다. 운명을 예측하기 위해서가 아니라, 스스로의 삶을 설계하기 위해서다.

4

독자 참여형 워크북: 나만의 사주 기록법

정답이 아니라 방향을 선택하는 일

우리는 종종 '무엇이 옳은가'를 기준으로 살려고 한다. 하지만 삶이 깊어질수록 '옳음'보다 중요한 것은 "그 선택이 나다운가"이다. 세상은 수많은 기준을 제시하지만, 결국 나를 움직이는 기준은 내 안에 있는 방향감각이다.

어떤 결정을 내릴 때 나는 직감으로 움직였는가, 아니면 오래 분석하고 계산한 뒤에 움직였는가. 두 방식 모두 틀리지 않다. 중요한 것은, 그 선택이 나를 더 나답게 만들었는지이다.

내 안의 오행은 이미 방향을 알고 있다. 지금 나에게는 어떤 기운이 필요할까. 확장일까, 안정일까, 표현일까, 축적일까, 혹은 시작일까.

적어보기

- 지금 내 삶에서 가장 중요한 기준은: ____________________
- 내가 부족하다고 느끼는 기운(목·화·토·금·수): ____________
- 앞으로 방향을 정할 때 기억하고 싶은 문장: "______________"

나를 비추는 거울, 나의 패턴

사람은 변한다. 하지만 반복되는 패턴은 쉽게 변하지 않는다. 늘 같은 지점에서 멈추거나, 비슷한 사람에게 상처받거나, 같은 방식으로 오해를 만들기도 한다.

패턴을 보는 일은 과거를 탓하는 일이 아니다. 그건 단지 나를 이해하는 과정이다. 내가 가장 '나답지 않다'고 느껴지는 감정은 무엇일까. 그리고 나는 언제 가장 평온해지는가. 그 둘 사이에 내가 살아온 방식의 힌트가 있다.

적어보기

- 내가 자주 반복하는 패턴: ____________________
- 이 패턴이 생겨난 근원(어떤 기억 / 어떤 관계): ____________
- 지금 내가 바꾸고 싶은 단 한 가지 변화: ______________

사주는 나를 대신 결정해 주지 않는다

사주는 방향을 보여주는 도구이지, 답을 대신 말해주는 지도가 아니다. 삶의 선택에는 언제나 나의 의지로 돌아간다. 내가 내린 결정이 나를 성장시켰다면, 그 선택은 이미 옳았다.

누군가의 기대 때문이 아니라, 내가 정말 원해서 내린 선택은 결과가 어떻든 나를 단단하게 만든다. 사주를 본다는 것은 도망치지 않는 것이다. 내가 원하는 삶을 스스로 선택하겠다는 선언이다.

적어보기

- 앞으로 내가 선택의 기준으로 삼을 문장: ____________________
- 나를 가장 성장시킨 선택은 무엇이었는가: ____________________
- 사주를 '도구'로 사용할 나만의 방식: ____________________

미래 대신 지금을 살아가는 마음

우리는 미래를 많이 걱정한다. 하지만 미래는 아직 오지 않았고, 오늘의 나만이 현실이다.

지금 이 순간, 내가 숨 쉬고 있는 이 자리에서 이미 작은 행복은 존재하고 있다. 잠시 눈을 감고 떠올려 보자. 오늘 하루 중 조용히 미소가 번졌던 순간이 있었는지. 그 순간들이 쌓여 미래의 나를 만든다.

적어보기

- 오늘 내가 선택할 수 있는 '나다운 행동': ______________________
- 나를 지켜주는 일상의 작은 루틴: ______________________________
- 오늘의 나를 한 문장으로 표현한다면: "______________________"

"사주는 미래를 맞추는 기술이 아니라, 지금의 나를 가장 정확하게 바라보게 하는 거울이다."

Part 5

사주,
인간을 위한 길잡이

1
정답이 아니라 방향을 주는 사주

운명은 맞추는 문제가 아니라, 찾아가는 여정이다.

40대 중반의 한 남성이 상담실 문을 열었다. 목소리에는 피로와 당혹이 묻어 있었다. "요즘 하는 일마다 어긋나는 것 같습니다."

지난 10년, 그는 누구보다 잘나갔다. 사업도 투자도 모두 승승장구였다. 그런데 올해 들어 모든 것이 꼬이기 시작했다. 투자한 사업은 무너지고, 믿었던 사람에게 배신당했으며, 건강마저 흔들렸다.

그의 사주를 펼쳐보니 병오, 병신, 병인, 무술. 태양이 세 개 떠 있는 듯, 불(火)의 기운이 거세었다. 누구보다 뜨겁고, 누구보다 빠른 사람이었다. 결단은 단호했고, 판단은 날카로웠다. 직감으로 밀어붙이는 속도감이 그를 성공으로 이끌었다. 하지만 강한 불은 늘 빛나지만, 때로는 자신을 태워버린다.

2025년, 그의 운은 달라졌다. 을사년(乙巳年), 목(木)과 화(火)가 한꺼번에 치솟는 해. 불이 더 강해지는 시기였다. "불이 강하면 좋은 거 아닌가요?" 그가 물었다.

"과유불급(過猶不及)."

너무 뜨거운 태양은 자신을 태운다. 빛나려면 거리 조절이 필요하다. 그의 인생은 속도로 승부해 왔다. 빠른 결단, 빠른 실행. 하지만 올해는 그 속도가 독이 되었다.

인사신(寅巳申) 삼형살, 사술귀문(巳戌鬼門). 불길은 제어를 잃고 번지고 있었다. 속도보다 체계, 감보다 구조가 필요했다.

그는 한참을 침묵하다가 물었다.

"그럼, 저는 어떻게 해야 하나요?"

"지금은 타오를 때가 아니라, 물을 찾아야 할 때입니다."

뜨거운 수증기로 국면을 전환해야 했다. 불을 살리지는 못해도, 열기를 식히는 과정에서 길은 보인다.

며칠 후 그는 다시 찾아왔다.

"올해 투자 실패가 떠올라요. 거래처를 검증도 안 하고 바로 계약했죠. 만나자마자 하루 만에 계약했습니다. 그게 문제였어요."

그랬다. 올해는 그렇게 하면 안 되는 해였다. 빨리 하면 될 줄 알았지만, 올해는 '느리게 가야 하는 해'였다. 앞으로는 최소 한 달은 검토해야 했다. 빨리 하고 싶어도, 참아야 했다. 뜨거운 불길 속에서 타버린 판단은 이제 수증기처럼 식혀야 했다. 급하게 결론을 내리는 대신, 천천히 흐르며 방향을 다시 잡을 때였다. 이제 필요한 건 속도가 아니라 시선이었다. 결정을 미루는 게 아니라, 판단의 깊이를 키우는 일. 빠른 선택보다 단단한 근거가, 좋은 운보다 더 긴 호흡이 필요했다.

불은 창조적이다. 그러나 통제되지 않은 불은 파괴적이다. 사주는 이렇게 말해준다. "당신의 문제는 능력의 부족이 아니라 에너지의 조율이다."

그는 깨달았다. 자신이 늘 앞서가려다 보니 돌아볼 틈이 없었다는 것을. 그가 놓친 것은 속도였다. 너무 빨랐다. 빠른 것이 좋을 때도 있지만, 느린 것이 좋을 때도 있다.

50대의 한 여성도 기억에 남는다. 그녀는 평생 조용히 살아온 사람이었다. 늘 뒤처지는 것 같다고 했다.

"사람들은 다 앞질러 가는데, 저만 제자리인 것 같아요."

그녀의 사주를 펼쳐보니 겨울나무였다. 그녀는 느린 게 아니라, 신중한 사람이었다. 저장하고, 수렴하고, 자연스럽게 받아들이며 살아온 사람. 겉으론 조용했지만, 그 안에는 오랜 시간 축적된 힘이 있었다. 올해 그녀의 운은 토(土)였다.

천천히 싹을 틔우는 시기. 그동안 저장했던 자양분이 비로소 결과로 바뀌는 시점이었다. 속도는 느렸지만, 방향은 정확했다. 짧고 빠른 성과보다, 길고 안정적인 성취를 얻는 해였다.

나는 말했다. "올해는 움직이지 말고 뿌리를 단단히 내리세요. 조용한 시기지만, 성장의 토대가 됩니다."

6개월 후, 그녀에게서 연락이 왔다. 승진 소식이었다. 팀장이 되었단다. 회사에 큰 프로젝트가 있었는데, 다들 속도에만 집중할 때 그녀는 끝까지 침착함을 잃지 않았다.

"처음으로 제가 자랑스러웠어요." 그녀는 그렇게 말했다.

나는 웃으며 답했다. "겨울나무도 언젠가 꽃을 피웁니다. 지금까지의 느림이, 그 꽃의 영양분이 된 거예요."

운명은 맞추는 문제가 아니라, 찾아가는 여정이다. 올해는 느리게 가야 했지만, 내년은 다시 속도를 내도 된다. 자신의 패턴과 리듬을 알게 되면, 삶의 속도를 스스로 조절할 수 있다.

사주는 그저 그 조절을 돕는 도구일 뿐이다. 차를 타고 갈 때와, 자전거를 타고 갈 때, 걸어갈 때의 풍경이 모두 다르듯 속도가 달라지면, 보이는 세상도 달라진다.

2

나를 돌아보게 하는 거울

운명은 맞추는 퍼즐이 아니라, 직면하고 탐색하는 여정에 가깝다. 사주는 하늘이 찍어둔 낙인이 아니라, 인간이 스스로를 비춰보는 하나의 거울이다. 천간과 지지의 배열 속에는 단순한 길흉의 예측이 아니라, 시간의 흐름과 선택의 결과가 겹겹이 쌓인 삶의 패턴이 담겨 있다.

그래서 사주는 미래를 확정하는 예언서가 아니라, 과거와 현재를 이해하기 위한 지도에 가깝다. 나는 그 지도를 읽는 사람일 뿐이다. 어쩌면 그 지도를 붙잡게 된 이유도, 내 성향과 무관하지 않았을 것이다.

돌아보면 내 삶에도 일정한 결이 있었다. 나는 한 방향으로 깊이 파고드는 사람이었다. 마음에 걸리면 끝까지 확인해야 했고, 한번 집중하면 쉽게 돌아서지 않았다. 그건 완벽주의가 아니라, 확인하지 않으면 불안한 성향이었다.

아이러니하게도, 사주를 공부하면서 나는 사주를 믿지 않았다. 의심이 나를 멈추게 하기보다, 오히려 더 깊이 파고들게 만들었다. 나는 주변 사람들의 생년월일을 기록하며, 그들의 사주와 실제 삶의 흐름을 비교했다. 사건의 전개가 반복되는 패턴을 보며, 내가 찾고 싶었던 단 하나의 답을 향해 갔다. "운명에는 패턴이 있다." 그 사실을 나는 스스로 증명하고 싶었다.

그 과정에서 잊을 수 없는 한 사람을 만났다. 스승님. 그분의 명식은 갑오·갑술·갑자, 나의 명식은 임자·무신·경인이었다. 불씨를 품은 분과, 그 불씨를 붙이는 기운이 만난 셈이었다. 스승님은 오랫동안 '벽갑인정(劈甲認丁)'이라 불리는, 깊숙한 곳의 불씨를 깨울 제자를 기다리고 계셨고, 나는 그 불씨에 불을 붙이는 경인일주로 그 앞에 서 있었다.

인연은 억지로 찾는다고 오는 것이 아니었다. 준비가 기회를 만날 때 운이 되고, 뛰어난 사람도 나와 연결이 될 때 인연이 된다. 다행히 스승님은 나를 알아보았고, 나는 스승님을 통해 명리를 배웠다. 내가 열 번째 제자가 되었을 때, 스승님은 조용히 말씀하셨다. "너는 무관에 상관이 강한 사주다. 명예보다 결과로 말하려는 팔자지."

그래서였을까. 나는 언제나 드러내기보다 끝까지 해내는 쪽을 택했다. 하지만 스승님은 목화(木火)의 기운으로 그 '해냄'을 '드러냄'으로 바꾸는 법을 알려주셨다. 그분은 내 삶의 귀인이었다.

스승님은 종종 이렇게 말씀하셨다. "원한다고 다 되는 건 아니다. 운이 와야, 인연이 되는 법이다." 그 말이 오래 남았다.

인생의 전환점은 하늘에서 떨어지는 게 아니었다. 운이 와야 비로소 전환점임을 알아본다. 운이 오지 않았다면, 내가 과연 사주 공부를 했을까 싶다. 아직도 아이러니다. 외줄타기로 18년을 버틴 것 역시, 돌이켜 보면 운이었다. 분명한 것은, 인생에는 반복되는 패턴이 있다는 것이다. 특정한 성향을 가진 사람들은 좋은 운이 올 때와 나쁜 운이 올 때, 비슷한 선택의 패턴을 반복한다는 것이다.

자신의 능력 이상을 바라면, 그에 따른 대가를 치러야 한다. 사람이든 물질이든, 감당할 수 있는 만큼만 바라보는 것이 결국 편안하게 사는 길이다.

수많은 사람들의 사주를 보아도, 정작 내 일 앞에서는 판단이 서지 않을 때가 있다. 세상에서 가장 무거운 짐은 결국 내가 지고 있는 짐이다. 비우고 내려놓으려 하지만, 실은 무엇을 내려놓아야 하는지도 알지 못하는 것이 인간이다. 그래서 나는 바란다. 비록 미천할지라도, 비루하지 않은 삶이기를.

3

사주는 인간을 보조하는 도구일 뿐

20대 후반의 한 남성이 어렵게 예약을 하고 찾아왔다. 반듯하고 스마트한 이목구비에, 피로와 혼란이 묻어 있었다.

"선생님… 저, 정말 어떻게 해야 할까요."

그는 인턴 의사였다. 하루하루가 고통이었다. 누군가를 살리는 일보다, 스스로 살아내는 일이 더 버거웠다.

고등학교 시절 그는 늘 1등급이었다. 그 재능을 본 어머니는 말했다.

"의사가 되면 좋겠다. 안정적이고, 사람들에게 존경받잖니."

그는 고개를 끄덕였다. 하지만 마음속 깊은 곳에서는 그림을 그리고 싶었다. 색과 선으로 세상을 표현하는 사람이 되고 싶었다. 그러나 어머니는 물었다.

"미술로 먹고살 수 있겠니?" 그는 아무 말도 하지 못했다.

그렇게 의대에 갔고, 결국 인턴이 되었다. 하지만 환자의 고통이 두려웠다. 그의 사주는 식상이 강했다. 표현하고 창조하는 사람의 구조였다. 그러나 관성은 약했다. 책임과 통제, 의무를 짊어지는 일에는 적성이 맞지 않았다. 게다가 자신의 의견을 강하게 내세울 단단한 의지도 부족했다.

"사주는 결정의 도구가 아니라 이해의 도구예요."

나는 조용히 말했다. "당신의 고통은 스스로 선택하지 않은 길에서 비롯된 걸지도 모르지만, 그 길을 여기까지 걸어온 건 분명 당신의 힘이에요. 힘들었지만, 대견하지 않나요?"

그는 고개를 숙였다. 어머니의 기대, 사회의 기준, 그리고 스스로 만든 의무감이 그의 마음을 조이고 있었다. 오랫동안 타인의 기준으로 살아왔고, 이제는 '증명'하기 위해 버티고 있었다. 나는 덧붙였다.

"지나온 시간보다 앞으로 지나가야 할 시간이 더 괴로울 것 같다면, 이제는 냉철하게 말해야 합니다. 진짜 용기는 도망이 아니라 고백이에요. 자신의 진심을 솔직하게 말할 수 있는 사람, 그가 결국 자기 인생의 주인공이 됩니다."

그는 한동안 말이 없었다. 생각이 깊어지는 표정이었다.

"천천히, 깊이 고민해 보세요. 힘들 때는 누구나 선택을 의심합니다. 하지만 미래가 보장되고, 끝이 정해진 고통이라면 버틸 가치가 있습니다. 한 번 더 생각해 보고, 그래도 아니라고 느껴지면 깔끔하게 내려놓으세요. 참은 시간이 아깝지 않다면, 그건 여전히 당신의 길이라는 뜻입니다. 의사도 화가가 될 수 있답니다."

4

미래보다 현재를 살아가는 힘

20대 후반 여성의 전화 상담이었다. 얼굴은 보이지 않았지만, 목소리에는 조심스러운 반신반의가 묻어 있었다.

"선생님, 저는 결혼할 수 있을까요?"

그녀는 일어나지 않은 일을 걱정하며 시도조차 하지 않는 '인성의 늪'에 빠져 있었다. 남자를 세 번 이상 만나보지 않고 결론을 내리는 성향이었다. 시간 낭비, 감정 낭비는 싫고, 좋은 조건의 남자를 만나 안정적인 결혼을 꿈꾸고 있었다.

"만나는 사람은 있나요?"

내가 웃으며 반문했다. "아직 제대로 된 연애를 해본 적이 없어요."

연애도 한 번 해보지 않은 사람에게 결혼운을 말하기란 쉽지 않다. 고기도 먹어본 사람이 맛을 알고, 사람도 만나본 사람이 사람을 본다.

그녀의 사주는 인성이 강했다. 생각이 깊고 신중하지만, 그만큼 머릿속에서 스스로를 가두는 경향이 있었다. 인성 태과의 사람은 언제나 생각의 늪에 빠지기 쉽다. 그래서 조심스럽게 말했다.

"상관이 발달하는 시기입니다. 이럴 때는 머리로만 판단하지 말고, 소개팅이라도 자주 나가보세요. 수동적인 연애라도 경험이 쌓여야 생각의 수렁에서 빠져나올 수 있습니다."

당장 실천하라고 독려하고 싶었지만, 나는 두 달의 기한을 주었다. 인성이 강한 사람은 오랜 고민 끝에 전화를 걸기 때문이다. 원하는 답을 듣지 못하면 다음 상담은 없는 경우가 많다.

사주는 시간의 언어다. 그러나 그 언어가 가리키는 방향은 언제나 지금이다. 내일의 운이 궁금한가? 그렇다면 오늘 움직여야 한다. 낚시를 하려면, 일단 물가로 나가야 한다. 연애운이 반복되어야 결혼운이 이어진다. 사랑도, 인연도 경험의 축적 속에서 흐름을 만든다.

우리는 종종 미래를 미리 아는 것이 삶을 통제하는 힘이라고 착각한다. 그러나 진짜 통제력은 현재를 직시하는 용기다. 사주는 미래의 약속이 아니라 지금의 태도를 비추는 거울이다.

운이 좋다는 것은, 그 시기에 움직이면 결과가 따라온다는 뜻이다. 가만히 있는 사람에게 운은 찾아오지 않는다. 운은, 준비된 사람에게만 작동한다.

20대 후반의 한 커플이 함께 찾아왔다. 서로 마주 앉았지만, 공기엔

묘한 긴장감이 흘렀다. 여자가 먼저 입을 열었다.

"정말 미치겠어요. 싸우면 당장 헤어지고 싶다가도, 그 사람이 없으면 숨이 막혀요."

남자는 짧게 한숨을 쉬며 말했다.

"논리적으로 얘기하면 자꾸 싸움이 된대요. 저는 그냥 사실을 말하는 건데…."

그녀는 감정이 먼저 움직이는 사람이었고, 그는 생각이 먼저 움직이는 사람이었다.

사주를 보니, 여자는 갑오일주, 남자는 기축일주였다. 갑오는 불의 기운으로 뜨겁고 낭만적이다. 감정의 파도가 크고, 사랑에 몰입하면 전부를 쏟는다. 반면 기축은 땅의 기운으로 차분하고 현실적이다. 감정보다 책임, 순간보다 구조를 중시한다.

두 사람의 궁합에는 갑기합(甲己合)과 오축귀문(午丑鬼門)이 함께 작용하고 있었다. 쉽게 끊어지지 않는 인연, 보이지 않는 실로 묶인 듯한 관계였다. 헤어지려 해도 다시 마주하게 되는 구조였다.

"헤어지려고 오신 건가요?" 내가 물었다.

여자가 고개를 저었다. "헤어지고 싶은데, 헤어지지를 못하겠어요."

감정과 이성, 뜨거움과 냉정함이 부딪히며 사랑은 늘 전쟁처럼 이어지고 있었다. 싸우고, 지치고, 다시 그리워졌다. 그건 그들만의 방식으로 이어지는 관계였다. 나는 말했다.

"헤어지기 어렵다면, 헤어지지 않는 법을 찾아보세요."

여자는 감정을 다스릴 필요가 있었고, 남자는 여유로운 마음이 필요했다. 싸움이 나쁘지 않았다. 그 싸움 속에서도 서로를 배려하고 있었다.

사랑은 늘 비슷한 모양으로 온다. 어떤 이는 불같이, 어떤 이는 흙처럼. 불은 타오르다 식고, 흙은 묵묵히 남는다. 이 둘은 서로를 사랑하면서 버틴다고 생각하고 있었다.

"두 분은 다른 사람과 있어도 서로를 생각하고 있군요. 더 좋은 사람을 만나고 싶다면 서로를 상대로 연습을 해보세요. 근사한 커플이 될 겁니다."

인생은 여행이다. 여행지에서 가장 중요한 것은 어디로 가는가가 아니라 어떤 마음으로 걷는가이다. 당신이 지금 고민하고 있다면 미래를 걱정하기 전에 오늘을 살펴라. 좋은 사람을 만나고 싶다면 좋은 사람이 되어라.

에필로그

세상에는 수많은 방식의 삶이 있다.
누군가는 책임으로, 누군가는 감사와 봉사로,
또 누군가는 진정한 자신으로 살아간다.
그러나 어떤 모습으로 살아가든,
각자의 인생 안에서는 모두가 주인공이다.

사주는 타인이 아닌
자신의 시선으로 세상을 해석하는 언어다.
나를 중심에 두고,
관계와 환경이 인생에 어떤 파장을 일으키는지
입체적으로 읽어낸다.

모든 답은 이미 자신 안에 있지만,
굳이 다 말하지 않을 뿐이다.
사주는 주어진 조건을 분석하고, 흐르는 운의 방향을 짚어
지금 이 순간의 나를 이해하고 설계하게 돕는
개인 맞춤형 지도다.

그 안에는 꾸며낸 설정도, 각본도, 가면도 없다.
시간이 남긴 흔적을 해독하며,
그 안에서 다시 자신을 조율하는 법을 배우는 일이다.
경제적 자유의 문이 언제 열릴지,

지금의 노력이 어디를 향하고 있는지,
그 끝에 무엇이 있을지를 알고 싶을 때,
사주는 그 길의 윤곽을 조용히 비춘다.

사주는 언어가 생기기 전부터 시간의 변화를 기록해 온
인류 최초의 데이터 문명이다.
농경의 시대를 지나 인공지능의 시대에 이르기까지,
사주명리학은 여전히 인간을 가장 단순하면서도
깊이 있게 설명하는 언어로 남아 있다.
머지않아 우리는 하루의 일진을 날씨처럼 확인하며,
"오늘은 금운이 좋으니, 투자 미팅을 잡자."
"오늘은 수운이니 사색의 시간을 가지자."
라고 말하게 될지도 모른다.

사주명리는 인간이 쌓은 시간의 흔적을 통해
다시 인간을 이해하려는 지적 유산이다.
지식이 정보를 다루는 기술이라면,
지혜는 사람을 다루는 예술이다.
그리고 사주는 그 예술의 가장 오래된 형태이자,
앞으로도 가장 인간적인 데이터일 것이다.
우리는 외롭지 않기 위해 배우고, 사랑하고, 성장한다.
좋은 인연은 삶의 방향을 바꾸는 계기가 되기도 하고,

스스로의 체급을 높이는 에너지가 되기도 한다.
나누지 않고 얻을 수 있는 것은 없고,
손바닥을 펴지 않으면 어떤 것도 잡을 수 없다.
가진 것이 미천하더라도 누군가에게는
힘이 될 수 있다는 믿음으로, 그저 할 수 있는 만큼 용기를 냈다.

이 책은 내가 걸어온 길 위에서 만난 사람들의 이야기다.
인생의 길목에서 귀인을 만난다는 건 결코 쉬운 일이 아니다.
귀인이 될 수 있는 영광을 얻는다면,
그것만으로도 인생은 충분히 의미 있다.
여기에 담긴 이야기들은 실제 상담과 경험을 바탕으로 했지만,
이해를 돕기 위해 일부 각색한 부분이 있다.
다만 그들의 이야기가 당신의 삶을 비추는
또 하나의 거울이 되길 바란다.

결국 해석은 각자의 몫이다.
인생은 언제나, 자신이 써 내려가는 문장으로 완성된다.